Annette Frohnecke

TECKEL

**Erziehung und Haltung,
Abrichtung,
Führung und Zucht**

Annette Frohnecke

TECKEL

**Erziehung und Haltung,
Abrichtung,
Führung und Zucht**

Deutscher Landwirtschaftsverlag Berlin GmbH

Ich widme dieses Buch meinen beiden Kindern
Niklas und Nora.
Ihr Leben wurde von kleinauf durch meine Leidenschaft zum Tekkel und auch zur Jagd geprägt. Zu unserer Familie gehörten immer Hunde. Niklas und Nora erlebten Geburt und Aufzucht der Welpen, waren traurig, wenn die jungen Hunde abgegeben wurden, freuten sich an der Entwicklung der Welpen, die bei uns blieben, lernten die Verantwortung dem vierbeinigen Gefährten gegenüber kennen und mußten auch von manchem liebgewordenen alten Dackel endgültig Abschied nehmen. Meine Passion zur „Teckelei" verlangte beiden manche Rücksichtnahme, gar Opfer ab, wofür ich ihnen herzlich danke. Niklas und Nora wissen um alle Sonnen- und Schattenseiten im Umgang mit Hunden, aber ich hoffe, sie werden vor allem das positive Erleben mit den Teckeln mit in ihr Erwachsenenleben nehmen.

Die Deutsche Bibliothek – CIP-Einheitsaufnahme
Frohnecke, Annette:
Teckel : Erziehung und Haltung, Abrichtung, Führung und Zucht / Annette Frohnecke. – Berlin : Dt. Landwirtschaftsverl., 1995
(DLV-Jagdpraxis)
ISBN 3-331-00688-2

© 1995, Deutscher Landwirtschaftsverlag Berlin GmbH
Grabbeallee 41, 13156 Berlin
Das Werk ist einschließlich aller seiner Teile urheberrechtlich geschützt. Jede Verwertung außerhalb der engen Grenzen des Urheberrechtsgesetzes ist ohne Zustimmung des Verlages unzulässig und strafbar. Dies gilt insbesondere für Vervielfältigungen auf fotomechanischem Wege (Fotokopie, Mikrofilme), Übersetzung, Mikrofilmung und die Einspeicherung und Verarbeitung in elektronischen Systemen.
Printed in Germany
Layout und Satzherstellung: Hendrik Bäßler, Berlin
Herstellung: Neue Presse Druckservice GmbH, 94030 Passau
ISBN 3-331-00688-2

Inhaltsverzeichnis

Einleitung 7
Entscheidung für einen Teckel 9
Allgemeine Überlegungen 10
Der Teckel als Jagdgefährte 12
Allgemeine Rassekennzeichen 14
   Erscheinungsbild des Dachshundes 14
   Worauf sollten Sie beim Kauf Ihres Teckels achten? 20
   Fehler des Teckels 21
Wahl der Haarart 26
   Der Kurzhaarteckel 26
   Der Rauhhaarteckel 28
   Der Langhaarteckel 31
Größe des Teckels 32
Entscheidung zwischen einem Welpen und einem
abgerichteten Hund 35
Wahl des Züchters 36

Zucht 41
Zuchtzulassung und Partnerwahl 41
Läufigkeit und Deckakt 46
Trächtigkeit 51
   Ernährung der trächtigen Hündin 51
   Allgemeine gesundheitliche Prophylaxe 53
   Verlauf der Trächtigkeit 55
Wurfakt 58
Aufzucht des Wurfes 62
   Pflege der Mutterhündin 62
   Aufzucht der Welpen 64

Entwicklung des Welpen zum erwachsenen Hund 67
Geburt 69
Vegetative Phase (1. und 2. Woche) 70
Übergangsphase (3. Woche) 74
Prägungsphase (4. bis 7. Woche) 75
Sozialisierungsphase (8. bis 12. Lebenswoche) 83
Rangordnungsphase (13. bis 16. Woche) 89
Rudelordnungsphase (5. und 6. Monat) 93
Pubertätsphase 95

Erziehung 97
Was ist Erziehung? 98
Im neuen Heim... 105
Erste Autofahrt 106
Eingewöhnung im neuen Zuhause 109
Stubenreinheit... 112
Gehorsam 115
Das Kommando „Komm!" 116
Vom „Sitz!" zum „Ablegen!" 118
Das Kommando „Fuß!" 121
Einsatz von Zwangsmitteln 124
Der Teckel im jagdlichen Einsatz.................. 127
Nachsuchenarbeit.. 127
Grundlagen für die Arbeit auf der Wundfährte 128
Ausbildung des Teckels für die Nachsuchenarbeit 133
Der Teckel als Stöberhund 145
Baujagd... 152
Schliefenarbeit – Fundament der Baujagd 153
Arbeit am Naturbau 156
Mit dem Teckel auf Prüfungen 160
Zur Bedeutung der Prüfungen 160
Der gesetzliche Hintergrund 160
Rassespezifische Aspekte 161
Prüfungen für Teckel 162
Spurlautprüfung 163
Stöberprüfung.. 164
Schweißprüfung auf künstlicher Wundfährte 165
Vielseitigkeitsprüfung.................................. 166
Wassertest 166
Prüfung für Kleinteckel: Kaninchenschleppe und Herausziehen 167
Erkrankungen des Teckels 168
Infektionskrankheiten.................................... 168
Parasiten 171
Ektoparasiten 171
Endoparasiten 173
Rassespezifische Erkrankungen 175
Teckellähme... 175
Erkrankungen der Augen 182
Literatur 185
Sachwortregister... 191
Quellen und Bildnachweis............................. 195

Einleitung

*Teckel – Dackel – Dachshund:
Eine Rasse, die je nach Mundart,
viele Namen hat.*

Als kleinster unter den Gebrauchshunden besticht der Teckel nicht nur durch die Vielseitigkeit seiner Einsatzmöglichkeiten im Revier, sondern vor allem auch durch die hohe Leistungsfähigkeit, die die Rasse kontinuierlich auf breiter Basis nachweist.

Die vorliegende Monographie vermittelt das wesentliche Wissen über diese Hunderasse. Sie beschränkt sich dabei aber nicht nur auf die Darlegung ausschließlich rassespezifischer Gesichtspunkte. Vielmehr will sie dazu beitragen, dem Leser anschaulich und praxisnah Hintergrundwissen verständlich zu machen.

So wird die Entscheidung für einen Teckel unter umfassenden praktischen Gesichtspunkten betrachtet. Auch das Kapitel über die Zucht soll vorrangig Informationen vermitteln, durch die auch dem unerfahrenen Hundebesitzer komplexere Zusammenhänge verständlich werden.

Unter Berücksichtigung von Wesens- und Verhaltenskriterien wird auf die Erziehung und Haltung des Teckels eingegangen, seine jagdliche Abrichtung und seine Einsatzmöglichkeiten aufgezeigt. Der vorliegende Band will also nicht nur Verfahrenshinweise in Sachen Erziehung geben, sondern es soll versucht werden, durch Darlegung der Wesensentwicklung des Hundes ein größeres Verständnis für diese Kreatur beim Leser zu schaffen, in der Hoffnung, daß so Erziehungsbemühungen effektiver eingesetzt werden können. Die jagdliche Abrichtung wird unter Einbeziehung wildbiologischer Faktoren praxisnah behandelt. Aber auch die häufig leider vernachlässigte

Prüfungsvorbereitung soll angesprochen werden. Das Kapitel über Erkrankungen des Hundes geht auf die wichtigsten Infektionskrankheiten ein, widmet sich dem Befall durch Parasiten, dem ein Jagdhund zwangsläufig immer wieder ausgesetzt ist, und will den Leser schließlich mit einigen rassetypischen Krankheitsbildern vertraut machen.

Dadurch, daß der inhaltliche Rahmen dieses Buches über rein rassebezogene Themen hinausgeht, dient es nicht nur dem unerfahrenen Hundeführer als Entscheidungshilfe für diese Rasse samt erster Anleitung im Umgang mit dem Dachshund, sondern kann auch dem schon erfahreneren Teckelführer weitergehende Informationen geben. Selbstverständlich werden die Ausführungen gleichermaßen für den jagdlich nicht ambitionierten Dackelbesitzer von Interesse sein.

An dieser Stelle möchte ich jenen Menschen danken, die mich in der Beschäftigung mit meinen eigenen Hunden unterstützten sowie im Laufe zweier Jahrzehnte prägenden Einfluß durch Rat und Tat im Umgang mit den Teckeln als Rasse im allgemeinen und als Jagdhund im speziellen auf mich ausgeübt haben, und besonders auch jenen, die die Entstehung dieser Monographie mit Interesse verfolgt und mir im Gedankenaustausch weitergeholfen haben. Stellvertretend für alle anderen möchte ich folgende Personen nennen: HANS-JOACHIM BORNGRÄBER, Dr. GISELA FRANKE, Dr. JÜRGEN FROHNECKE, WERNER GIEBECKE, Dr. MAX HILDENBRANDT, Dr. CHRISTA KOBE, ELFRIEDE KRÜGER, INGEBORG LOMPA, HANSWERNER LOSBERG, CHRISTIAN MEISTER, MARION MICHELÈT, CHRISTINE SCHOLZ.

Zwei Personen möchte ich in meiner Danksagung besonders hervorheben: meine Lektorin, die mir ihr Vertrauen entgegengebracht hat, Dr. ULRICH GRASSER, der mir durch seine Liebe zum Teckel in vielen Gesprächen zur Seite stand und mir wertvolle Denkanstöße für das Thema gab.

Annette Frohnecke, Berlin, im Juni 1995

Entscheidung für einen Teckel

Sie kommen von der Drückjagd heim und sind noch immer ganz fasziniert, mit welcher Vehemenz und Willensstärke die Teckel eine Rotte Sauen aus der Dickung drückten. Oder Sie wurden Zeuge, wie ein Teckel souverän einen krankgeschossenen Bock nachsuchte, trotz widriger Witterungsumstände durch Dorngestrüpp mit immensem Finderwillen die Fährte immer weiterbrachte, bis Hund und Hundeführer schließlich am Stück standen. Vielleicht imponierte Ihnen ein Teckel, der wachsam am Keiler ausharrte, niemanden heranließ, bis der Herr den Abtransport des Stückes geregelt hatte. Sie haben schon immer voller Spannung den Berichten Ihrer Freunde über die Jagderlebnisse mit dem Dackel am Stammtisch gelauscht oder voller Rührung Ihren Jagdfreund mit Teckel auf der Ansitzleiter beobachtet, gemeinsam dem Moment des Austritts des Wildes harrend. Möglicherweise ist in Ihnen die Einsicht gereift, daß Sie für Ihre Jagdausübung unbedingt einen Jagdhund benötigen, aufgrund Ihrer Möglichkeiten jedoch „nur" einen kleinen Hund halten können. Oder es sind Kindheitserinnerungen an solch einen schelmischen, selbstbewußten Gesellen, der auf der Suche nach einem vierbeinigen Jagdgefährten Ihre Wahl auf einen Dackel fallen läßt.

Die Motive können sehr unterschiedlich sein, und es gibt auch viele gute Gründe, sich für einen Teckel als Jagdbegleiter zu entscheiden. Und je stärker der Jäger auch gerade mit dieser Rasse mit all ihren Eigenheiten neben allen sachlichen und fachlichen Kriterien emotional verwoben ist, desto höher schätze ich die Entscheidung für diesen Hund ein. Dennoch möchte ich an den Beginn meiner Ausführungen einen ernsten Appell stellen.

Allgemeine Überlegungen

Trotz aller Begeisterung sollte jeder, der sich mit dem Gedanken trägt, sich einen Hund anzuschaffen, zunächst einige grundsätzliche Überlegungen anstellen.

Ein Hund bringt Veränderungen ins Leben: Er beansprucht nicht nur Futter, Auslauf und einen Schlafplatz, sondern Aufmerksamkeit, Zuwendung, Erziehung, und das bedeutet Einfühlungsvermögen, Zeit und Geduld. Wer beruflich zu stark eingespannt ist, sollte lieber auf einen Hund verzichten. Mangelnde oder ungenügende Erziehung und jagdliche Abrichtung bringen viel Verdrossenheit in das Verhältnis zwischen Hund und Hundeführer, der Schaden in der Jagdausübung ist größer als der Nutzen. Ausdauer und Langmut hingegen werden belohnt durch unvergeßliche Jagderlebnisse und Treue des Hundes ein Teckelleben lang, das – mit ein wenig Glück – ohne weiteres fünfzehn, sechzehn Jahre dauern kann.

Bei den sachlichen Notwendigkeiten müssen zunächst die Unterbringungsmöglichkeiten bedacht werden. Wenn auch ein großer Hund zwangsläufig mehr Platz beansprucht, müssen auch die Bedürfnisse eines Teckels gebührend berücksichtigt werden. Ihm steht eine ruhige, trockene, warme und zugluftfreie Lagerstatt zu, die die Kontaktaufnahme zu seinen Bezugspersonen erlaubt. Hier kommt es natürlich auf die individuellen Wohnverhältnisse an.

Wer in einem Haus mit Garten lebt, wird sich die Frage der Einrichtung eines Zwingers stellen. Ein Zwinger von genügender Größe (ich denke dabei an mindenstens 12 m^2; der Gesetzgeber schreibt für einen allein gehaltenen Hund dieser Größe ein Minimum von 6,3 m^2 inklusive Schutzraum vor.) mit einer festen, zugfreien Hütte ist eine lohnende Investition, wenn der Teckel auch in der Abwesenheit des Halters im Freien gehalten werden soll. Der Hund ist dann artgerecht und vor allem sicher untergebracht; denn wieviele Gartenzäune sind schon wirklich

„dackelsicher"? Eine ausschließliche Zwingerhaltung des Teckels lehne ich jedoch strikt ab. Es mangelt ihm an sozialem Kontakt. Gerade unter dem Aspekt, daß der Jäger im Revier die volle Einsatzbereitschaft seines Hundes erwartet, muß es eine Selbstverständlichkeit sein, dem Hund auch genügend Ansprache und menschliche Nähe zu gewähren. Dies unterstützt das Zusammengehörigkeitsgefühl.

Für den Bewohner einer Wohnung stellt sich die Frage der Zwingerhaltung nicht. Er muß sein Wohnumfeld kritisch beleuchten. Wer in der Innenstadt wohnt und keine Gelegenheit hat, seinem Hund täglich Bewegung in einer natürlichen Umgebung zu verschaffen, sollte sich die Frage stellen, ob die Haltung eines Hundes im „Asphaltdschungel" artgerecht ist. Da der Jagdhund für die Aufgaben im Revier ständig in guter Kondition sein muß, ist eben auch die Art des Auslaufs von entscheidender Bedeutung. In unserer motorisierten Zeit sollten sich hier aber Möglichkeiten finden, denn der Transport eines Tekkels im Auto ist vollkommen problemlos.

Auch die Kostenseite sollte in die Überlegungen mit einbezogen werden. Nicht selten werden die anfallenden Kosten unterschätzt. Außer dem Kauf des Hundes selbst und einer „Grundausstattung" (Decke und Korb, eventuell Zwinger mit Hütte, Halsung und Leine, etc.) fallen fortwährend Kosten an: Futterkosten, Hundesteuer, Tierarztkosten (selbst wenn der Hund gesund ist, was jedem Hundehalter zu wünschen ist, so stehen doch jedes Jahr Schutzimpfungen an), Haftpflichtversicherung (es sollte im Vertrag geprüft werden, unter welchen Bedingungen ein Hund in der Jagdhaftpflicht mitversichert ist.). Auch bei der Ausbildung entstehen Aufwendungen, nicht zuletzt auch Prüfungsgebühren und Vereinsbeiträge. Auf eine Einschätzung der Höhe der Kosten verzichte ich, da hier zu viele regional bedingte Komponenten auftreten.

Das Vorfeld scheint nun geklärt bis auf einen Punkt von eminenter Bedeutung: Die Entscheidung für den Hund sollte von der Familie getragen werden. Zwistigkeiten wegen des vierbeinigen Jagdgefährten belasten nicht nur das zwischenmenschliche Klima, sondern trüben langfristig auch das Verhältnis zum Hund.

Der Teckel als Jagdgefährte

In der jagdkynologischen Literatur ist der Teckel in der Gruppe der Erdhunde zu finden. Zweifelsohne ist der Teckel mit seinem stark ausgeprägten Selbstbewußtsein und seiner Passion ein hervorragender Bodenjäger. Der vielgerühmte „Eigensinn" dieser Rasse ist gerade in der Arbeit unter der Erde entstanden; denn im Bau ist der Hund ganz auf sich allein gestellt, kein Mensch kann ihm dabei helfen. Die Klassifizierung als Erdhund ist jedoch mehr als Hinweis auf seine spezielle Einsatzmöglichkeit, die der Teckel dem Gros der anderen Jagdhunderassen voraus hat, als auf seine primäre Jagdart zu verstehen. Der Dachshund ist kein Spezialist, sondern besticht gerade durch die Vielfältigkeit seiner Einsatzmöglichkeiten im Revier.

Auf Drückjagden ist der Dachshund gern gesehen. In das Treiben geschickt, nimmt er die gefundene Spur oder Fährte auf und arbeitet sie sicher aus. Grundvoraussetzung für einen Stöberhund ist der Spurlaut, und die Teckel sind bekannt für ihren lockeren Hals. Im ersten Moment mag es vielleicht paradox erscheinen: Die kurzen Läufe des Dackels erweisen sich beim Stöbern als vorteilhaft. Der Hund folgt dem Wild langsamer als ein Vertreter einer langläufigen Rasse, wodurch das Wild das Treiben meist vertraut ziehend verläßt. Der Jäger kann sicherer ansprechen und einen sauberen Schuß antragen.

Die Nachsuchenarbeit auf Schalenwild scheint mir das wichtigste Einsatzgebiet des Teckels zu sein. Zum einen verfügen Teckel über eine ausgezeichnete Nase. Zum anderen steigt die Leistungsfähigkeit der Nase, je dichter sie über dem Boden – und damit über der Fährte – getragen wird. Während andere Rassen zur Arbeit mit tiefer Nase erst abgerichtet werden müssen, kommt dem Dachshund sein niedriges Gebäude zu Hilfe. Ein Vorteil, der den meisten Teckelführern noch nicht einmal bewußt ist. Die hervorragende Nasenarbeit, gepaart mit unbändigem Finderwillen, haben schon manch einen Dachshund zu einem gefragten, erstklassigen Nachsuchenhund werden lassen.

Ein Hinweis soll trotz meiner Begeisterung für diese Rasse dennoch nicht fehlen: Gerade die Kurzläufigkeit bringt den Teckel an die Grenze seiner Einsatzmöglichkeiten bei der Schweißarbeit. Sei es eine hohe Schneelage, sei es eine Schußverletzung, die unter Umständen eine Hetze erforderlich macht.... Hier ist der Hundeführer gefragt, die Möglichkeiten seines Teckels realistisch, ohne falschen Ehrgeiz, im Sinne der Waidgerechtigkeit richtig einzuschätzen und auf einen Spezialisten zurückzugreifen.

Die drei Haupteinsatzmöglichkeiten des Dachshundes sind nun umrissen. Selbstverständlich ist der Teckel ein hervorragender Begleiter auf der Pirsch und ein willkommener Helfer beim Frettieren. Er kann auch apportieren: eine Taube, ein Kaninchen, und er holt auch eine Ente aus dem Wasser. Beim Apportieren stärkeren Wildes muß er jedoch passen. Aber wir haben gesehen, daß es sich bei dem Teckel um einen sehr vielseitigen Waldjäger handelt.

Nun ist es an Ihnen, Ihre jagdlichen Bedürfnisse zu klären. Jagen Sie in einem reinen Feldrevier oder im Hochgebirge, so sollten Sie auf einen Spezialisten unter den Jagdgebrauchshunderassen zurückgreifen. Frönen Sie jedoch der Jagd im Waldrevier, so kann der Teckel ohne weiteres der richtige vierbeinige Jagdbegleiter für Sie sein und Ihnen manchen Dienst erweisen.

Allgemeine Rassekennzeichen

Beim Teckel handelt es sich um eine beliebte und weitverbreitete Hunderasse, und eigentlich hat jeder eine recht konkrete Vorstellung vom Aussehen eines Dackels. Eine Beschreibung des äußeren Erscheinungsbildes mutet daher möglicherweise überflüssig an. Doch liegt dem Äußeren, das dem Betrachter so selbstverständlich erscheint, ein Regelwerk zugrunde, mit dem ich Sie nun vertraut machen möchte.

Wie für jede andere Rasse gibt es auch für die Dachshunde einen klar definierten Rassestandard, an dem sich die Zucht – national wie international – orientiert. Deutschland als das Herkunftsland der Rasse gibt die Rassekriterien vor; der Deutsche Teckelklub als der bedeutendste Vertreter der Rasse hat den Rassestandard formuliert und verbindlich bei der FCI (Fédération Cynologique Internationale) hinterlegt.

Erscheinungsbild des Dachshundes

Der Rassestandard definiert zunächst die Kriterien, die für den Teckel unabhängig von den unterschiedlichen Haararten Größenvarietäten maßgeblich sind.

Allgemeines Erscheinungsbild: Niedrige, kurzläufige, langgestreckte, aber kompakte Gestalt mit fester Muskulatur, mit keck herausfordernder Haltung des Kopfes und aufmerksamem Gesichtsausdruck. Trotz der im Verhältnis zum langen Körper kurzen Gliedmaßen weder krüppelhaft, plump oder in der Bewegungsfähigkeit eingeschränkt, noch wieselartig schmächtig wirkend, mit geschlechtstypischer Gesamterscheinung.

Proportionen: Bei einem Bodenabstand von etwa einem Drittel der Widerristhöhe soll die Körperlänge in einem harmonischen Verhältnis zur Widerristhöhe stehen.

Verhalten und Charakter: Im Wesen freundlich, weder ängstlich noch aggressiv, mit ausgeglichenem Temperament. Passionierter, ausdauernder, feinnasiger und flinker Jagdhund.

Kopf

Oberkopf: Langgestreckt, von oben und von der Seite gesehen, sich gleichmäßig bis zur Nasenspitze verschmälernd, scharf ausgeprägt, trocken, keineswegs rüsselartig spitz. Oberkopf nur flach gewölbt und allmählich ohne Stirnabsatz (je geringer der Absatz desto typischer) in den fein geformten, leicht gewölbten Nasenrücken verlaufend.

Gesichtsschädel: Die Augenjochbogen kräftig hervortretend. Nasenknorpel und Nasenkuppe lang und schmal. Lippen straff gespannt, den Unterkiefer gut deckend. Nasenschwamm gut entwickelt. Der Fang weit dehnbar, bis hinter die Augen gespalten, mit stark entwickeltem Kiefer und Gebiß. Kräftige, genau ineinandergreifende Eckzähne. Scheren- und Zangengebiß sind gleichzustellen.

Augen: Mittelgroß, oval, seitwärts liegend mit klarem, energischem und doch freundlichem Ausdruck, nicht stechend. Farbe leuchtend dunkelrotbraun bis schwarzbraun bei allen Haarfarben der Hunde. Glas-, Fisch- oder Perlaugen bei gefleckten Hunden sind nicht erwünscht.

Behang: Hoch, nicht zu weit vorne angesetzt, ausreichend, aber nicht übertrieben lang, schön abgerundet, nicht schmal, spitz oder faltig. Beweglich, mit dem vorderen Saum dicht an der Wange anliegend.

Hals: Genügend lang, muskulös, trocken; keine Kehlwamme zeigend, mit leichter Wölbung im Genick, frei hoch getragen.

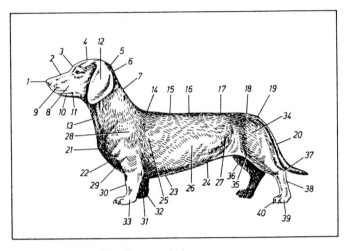

Abb. 1: Körperteile eines Teckels

1 Nasenkuppe, -schwamm
2 Nasenrücken
3 Stirnabsatz (Stop)
4 Oberkopf mit Auge
5 Hinterhauptbeinstachel
6 Genick
7 Nackenpartie
8 Fangpartie
9 Oberkiefer
10 Unterkiefer
11 Lefzenwinkel
12 Behang
13 Kehlrand
14 Widerrist
15 Rückendelle
16 Eigentlicher Rücken
17 Lendenpartie
18 Kruppe
19 Rutenansatz
20 Rute
21 Brustbeinspitze
22 Vorbrust (Vorderbrust)
23 Unterbrust
24 Unterbauch
25 Seitenbrust
26 Seitliche Bauchwand
27 Flanke
28 Schulterpartie
29 Oberarm
30 Unterarm mit Vordermittelfuß
31 Ellbogen
32 Karbalballen
33 Vorderpfote
34 Keule, Oberschenkelpartie
35 Knie, Kniegelenk
36 Oberschenkel
37 Sprunggelenk mit Fersenhöcker
38 Hintermittelfuß
39 Hinterpfote
40 Kralle

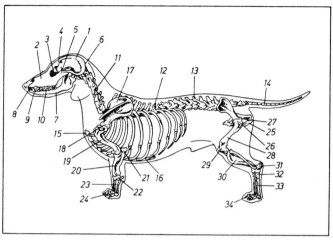

Abb. 2: Skelett eines Teckels

1 Oberschädel
2 Oberkiefer
3 Augenhöhle
4 Überaugenbrauenknochen
5 Jochbein
6 Hinterhauptbein (Jagdbein)
7 Unterkiefer
8 Schneidezähne
9 Eck- oder Fangzähne
10 Backenzähne
11 Halswirbel
12 Rückenwirbel
13 Lendenwirbel
14 Schwanzwirbel
15 Brustbein
16 Brustkorb
17 Schulterblatt
18 Schultergelenk
19 Oberarm
20 Unterarm (Elle und Speiche)
21 Ellenbogen
22 Handwurzel (Vorderfußwurzel)
23 Mittelhandknochen (Vordermittelfußknochen)
24 5 Zehen (je aus 3 Gliedern bestehend)
25 Becken
26 Pfannen- oder Beckengelenk
27 Sitzbein
28 Oberschenkel
29 Kniegelenk mit Kniescheibe (Wadenbein und Schienbein)
30 Unterschenkel
31 Fersenbein
32 Fußwurzel (Hinterfußwurzel)
33 Mittelfußknochen (Hintermittelfußknochen)
34 4 Zehen (je aus 3 Gliedern bestehend

Körper

Oberlinie: Mäßig langgestreckt, harmonisch vom Halsansatz bis zur sanft abfallenden Kruppe verlaufend.

Rücken: Soll einen hohen und langen Widerrist haben, im Verlauf der weiteren Brustwirbel gerade oder leicht nach hinten geneigt verlaufen. Die Muskulatur der Lendenpartie soll deutlich ausgeprägt sein.

Kruppe: Zur Rute hin leicht abfallend, gut bemuskelt.

Rute: Soll mit der Wirbelsäule eine harmonische Linie bilden und keine übermäßige Krümmung aufweisen.

Brust: Brustbein derb und so stark vorspringend, daß sich an beiden Seiten Gruben zeigen. Der Brustkorb ist, von vorn gesehen, oval, von oben und von der Seite gesehen, großräumig, Herz und Lunge volle Entwicklung gewährend, weit nach hinten aufgerippt und allmählich in die Bauchlinie überführend. Bei richtiger Länge und Winkelung von Schulter und Oberarm verdeckt der Vorderlauf in Seitenansicht den tiefsten Punkt der Brustlinie.

Bauchlinie: Leicht aufgezogen.

Gliedmaßen

Vorderhand: – Allgemeines – Kräftig bemuskelt, gut gewinkelt; von vorne gesehen, trockene, fast gerade gestellte Vorderläufe von guter Knochenstärke mit geschlossenen, gerade nach vorne gerichteten Pfoten.

Schultern: Lang und schräg gestellt, fest auf dem voll entwickelten Brustkorb aufliegend, hart und plastisch bemuskelt.

Oberarm: Von gleicher Länge wie das Schulterblatt, in rechtem Winkel zu diesem stehend, starkknochig und straff bemuskelt, an den Rippen anliegend, aber frei beweglich.

Ellbogen: Natürlich an der Körperseite angelegt.

Unterarm: Kurz, möglichst wenig nach innen gebogen, nach vorn und nach außen hart und plastisch bemuskelt; so lang, daß der Bodenabstand des Hundes etwa ein Drittel seiner Widerristhöhe beträgt.

Vorderfußwurzel: Die Vordermittelfußgelenke stehen einander etwas näher als die Schultergelenke.

Vordermittelfuß: Die Mittelfußknochen, welche die Fessel bilden, sollen, von der Seite gesehen, weder steil stehen noch durchgedrückt sein.

Vorderpfoten: Pfoten geschlossen und gut gewölbt; kräftige Fußballen mit je fünf Zehen, von denen vier auftreten. Stets dicht zusammengestellt, mit betonter Wölbung der Zehenglieder; mit kurzen, kräftigen Krallen und derben Zehenballen versehen.

Hinterhand: – Allgemeines – Kräftig bemuskelt, in guter Proportion zur Vorderhand. Knie- und Sprunggelenke gut gewinkelt, Hinterläufe parallel, weger eng noch weit auseinandergestellt.

Keulen: Voll ausgerundete Muskulatur.

Oberschenkel: Der Knochen soll von guter Länge und im rechten Winkel in die Beckenpfanne eingelenkt sein.

Kniegelenk: Breit und kräftig, die Kniescheibe von dem geraden Band festgehalten.

Unterschenkel: Kurz, im rechten Winkel zum Oberschenkel stehend, stramm bemuskelt.

Sprunggelenke: Kräftig und gut gewinkelt.

Hintermittelfuß: Lang, gegen den Unterschenkel beweglich, leicht nach vorn ausgebogen.

Hinterpfoten: Vier dicht geschlossene und schön gewölbte Zehen. Der ganze Fuß auf dem Sohlenballen ruhend, nicht allein auf den Zehen stehend. Kurze Krallen. Die Hinterhand soll, von hinten gesehen, vollständig gerade sein.

Gangwerk: Der Bewegungsablauf soll fließend und schwungvoll sein, mit gutem Ausgreifen der Vorderläufe, besonders im Trab, und kräftigem Schub aus der Hinterhand. Aktion vorne: paralleles Ausgreifen; weder bodeneng noch paddelnd, weder zeheneng noch zehenweit. Aktion hinten: praktisch parallel, mit deutlichem Schub, weder zu eng noch zu weit, weder kuhhessig noch faßbeinig.

Worauf sollten Sie beim Kauf Ihres Teckels achten?

Die Ausführungen des Rassestandards lesen sich sehr trocken. Auch wenn Sie sie genauestens studiert haben, werden Sie vermutlich keinen Zusammenhang zwischen den theoretischen Ergüssen über das äußere Erscheinungsbild des Teckels und dem quirligen Knäuel der Welpen erkennen, wenn Sie erstmals beim Züchter im Zwinger stehen. Und dennoch wird die muntere Welpenschar im großen und ganzen diesen Rassekriterien entsprechen.

Wenn die Welpen acht Wochen alt sind, kann ein erfahrener Züchter schon recht zuverlässig erkennen, ob bei einem Welpen Abweichungen vom Standard zu erwarten sein werden. In diesem Alter zeigen sich die Körperproportionen deutlich.

Jetzt wird ein Züchter prüfen, ob Schulterblatt und Oberarm die gleiche Länge aufweisen. Ein zu kurzer Oberarm läßt den Teckel später eher plump, mit zu niedrigem Bodenabstand erscheinen. Zu lockere Schultern lassen sich schon jetzt erkennen. Weit nach außen gedrehte Schulterpartien können bei der Arbeit unter der Erde hinderlich sein. Auch eine schlecht gewinkelte, zu steile Hinterhand fällt bereits in diesem Alter auf.

Ein Züchter mit guter Beobachtungsgabe wird jetzt eine erste vorläufige Beurteilung des Erscheinungsbildes vornehmen, ganz besonders wenn er erwägt, Nachzucht zu behalten. Denn auch ein Züchter von Jagdteckeln sollte nie die äußeren Qualitäten des Hundes außer acht lassen. Dann jedoch tut auch er gut daran, seinen Teckel die nächsten sechs Monate bezüglich seines Äußeren nicht mehr allzu kritisch zu beäugen. Jetzt wächst der Welpe, und dieses Wachstum erfolgt absolut nicht proportional. Eine Woche wirkt er klein, untersetzt und pummelig, dann nach einem Wachstumsschub in die Länge erscheint er plötzlich lang und spindeldürre; manchmal hinkt ein Welpe kurzzeitig, weil die Läufe nicht im gleichen Zeittakt wachsen. Der Gang wirkt schlaksig, denn die Muskulatur muß sich erst den veränderten Gliedmaßen anpassen. Manche körperlichen Schwachpunkte aus der Welpenzeit werden sich nun auswachsen, andere können sich aber auch verstärken. Eine wirkliche Beurteilung ist erst mit acht, neun Monaten möglich.

Als Neuling auf diesem Gebiet wird Ihnen daher erst recht die Erfahrung fehlen, um bezüglich des acht Wochen alten Welpens richtige Aussagen zu treffen. Die Mehrzahl der zumeist geringen Abweichungen vom Rassestandard werden vorwiegend ästhetischer Natur sein, und den Hund auch nicht bei seinem jagdlichen Einsatz behindern. Ein verantwortungsbewußter Züchter wird Sie jedoch beraten und Ihnen Ihre Fragen bereitwillig und ehrlich beantworten.

Fehler des Teckels

Der Rassestandard sieht vor, daß jede Abweichung vom Standard als Fehler zu werten ist. Auf die unterschiedliche Gewichtung der Fehler möchte ich hier nicht eingehen, da, wie bereits ausgeführt, beim Welpenkauf Abweichungen im Erscheinungsbild höchstens ansatzweise erkennbar und keineswegs abschließend einschätzbar sind. Sollten Sie später die Leidenschaft entwickeln, Ihren Tekkel auf Ausstellungen zeigen zu wollen, werden Sie ausführliche Informationen beim Verein erhalten.

Ich möchte jedoch noch auf die schon im Welpenalter erkennbaren zuchtausschließenden Fehler beim Teckel eingehen. Zum Glück treten sie, gemessen an der Gesamtpopulation, relativ selten auf.

Gebißfehler: Der Teckel soll über ein kräftiges Scherengebiß verfügen, auch ein Zangengebiß ist erlaubt. Hingegen werden Tiere mit einem Vor- oder Rück-/Unterbiß von der Zucht ausgeschlossen. Dieser Fehler zeigt sich meist schon im Milchgebiß des Welpen. Beträgt die Abweichung im Milchgebiß nur etwa zwei Millimeter besteht die Chance, daß sich der Fehler beim Zahnwechsel noch auswächst; bei stärkeren Abweichungen hingegen ist nicht damit zu rechnen.

Zum Glück haben Teckel mit derartigen Gebißfehlern zumeist nicht unter der Deformation zu leiden. Selbst bei starken Fehlstellungen der Kiefer mit Abständen von zwei Zentimetern ist die Futteraufnahme nicht beeinträchtigt. Da der Teckel auch nur gelegentlich zum Apportieren eingesetzt wird, wäre er auch mit einem Fehlbiß noch im Jagdbetrieb einsetzbar. Dennoch stellt ein Gebißfehler bei einem Jagdgebrauchshund schon ein gewisses Handicap dar.

Rutenfehler: Bei Rutenfehlern handelt es sich um Veränderungen der Schwanzwirbelsäule, die genetisch bedingt sind. Es gibt verschiedene Arten der Deformationen. Es können benachbarte Wirbel miteinander verschmolzen sein (Blockbildung), Wirbel können aus der Wirbelreihe ausscheren, es kann Knickbildungen in der Wirbelkörperachse, Bildung einer Knochenspange außerhalb der Wirbelreihe, Stummelbildung u. v. m. geben. Die wenigsten Rutenfehler sind äußerlich sichtbar, wohl

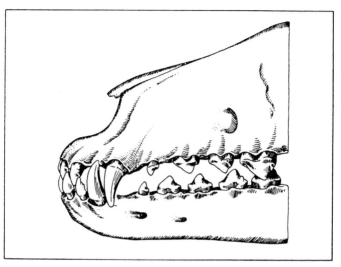

Abb. 3: Scherenbiß

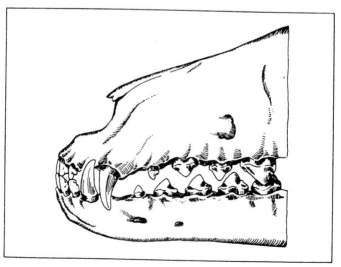

Abb. 4: Zangenbiß

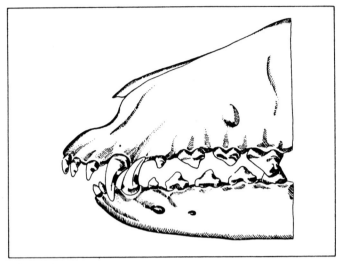

Abb. 5: Rück-/Unterbiß

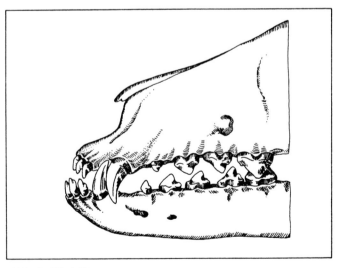

Abb. 6: Vorbiß

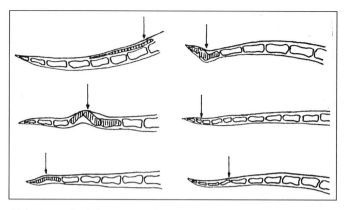

Abb. 7: Beispiele von Deformationen der Schwanzwirbelsäule

aber – außer in sehr leichten Fällen – tastbar, immer jedoch röntgenologisch nachweisbar. Bereits bei der Abnahme durch den Zuchtwart werden die achtwöchigen Welpen auf Rutenfehler untersucht.

Hodenfehler: Rüden, bei denen sich nicht beide Hoden im Skrotum befinden, sind von der Zucht ausgeschlossen. Die Rüden können zwar zeugungsfähig sein, da es sich bei der Hodenlosigkeit bzw. Einhodigkeit um einen genetischen Defekt handelt, werden sie aus der Zucht eliminiert. Ihrem Einsatz im Jagdgebrauch steht jedoch nichts entgegen.

Zuchtausschließend sind weiterhin angeborene Seh- und Gehörschäden sowie epileptiforme Anfallserkrankungen, die meist erst beim erwachsenen Hund in Erscheinung treten. Die Zahl der betroffenen Teckel ist zum Glück gering; die Tiere sind im Jagdbetrieb nicht einsetzbar. (s. Kapitel „Erkrankungen des Teckels")

Wahl der Haarart

Haben Sie sich nun für einen Teckel entschieden, kommt bei der Wahl der Haarart jetzt vor allem Ihre persönliche Vorliebe zum Tragen. Denn alle Teckel, ob kurz-, rauh- oder langhaarig, werden Ihren jagdlichen Ansprüchen gleichermaßen gerecht, vorausgesetzt, sie stammen nachweislich aus einer einwandfreien jagdlichen Leistungszucht.

Der Kurzhaarteckel

Beim Kurzhaarteckel handelt es sich um die ursprüngliche Form des Teckels. Er ist aus der Bracke, einem Laufhund mit feinster Nase und hoher Ausdauer entstanden. Über Jahrzehnte prägte sich das Bild des Kurzhaarteckels als der Jagdteckel ins Bewußtsein ein. Manch alte Abbildung mutet heute eher skurril an, hat sie doch mit dem Kurzhaarteckel der Nachkriegszeit nur noch wenig gemein.

Heute ist der Kurzhaarteckel in der Minderzahl gegenüber den anderen Haararten. 1993 wurden in das Stammbuch des Deutschen Teckelklubs nur 771 Kurzhaarteckel gegenüber 9886 rauhhaarigen und 2747 langhaarigen Vertretern dieser Rasse eingetragen. Der Anteil der Kurzhaarteckel, gemessen an der Gesamtzahl der Eintragungen 1993, betrug also 5,8%.

Ins Gebrauchssteckelstammbuch wurden im gleichen Jahr 14 Kurzhaarteckel eingetragen. Diese Zahl erscheint verschwindend gering, verhält sich aber, bezogen auf alle Eintragungen, mit 5,1% in etwa proportional zur Zahl der Welpeneintragungen. Der Kurzhaarteckel steht also auch statistisch den anderen Haararten in seiner jagdlichen Qualifikation nicht nach.

Der Rückgang beim Kurzhaarteckel ist vorwiegend eine Frage des Zeitgeistes.

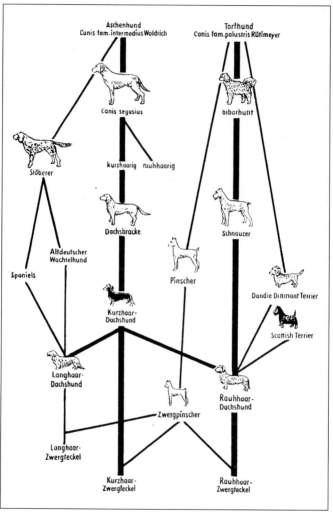

Abb. 8: Dachshundfamilie

Abb. 9: Kurzhaarteckel Germandachs Zickzack

Gerade das kurze Haarkleid bringt Vorteile mit sich: Es läßt sich leicht sauberhalten, und bei Schneelagen hat der Hund nicht mit der lästigen Bildung von Schneeklümpchen zwischen den Zehen zu kämpfen. Beim Kauf muß aber unbedingt auf eine gute, feste Behaarung mit Unterwolle geachtet werden; auch die Elterntiere sollte man unter diesem Aspekt anschauen. Beim Kurzhaarteckel dominieren die Farbschläge schwarzrot und rot.

Der Rauhhaarteckel

Wie oben bereits ausgeführt, ist der rauhhaarige der quantitativ stärkste Vertreter unter den Teckeln. Den „typischen" Rauhhaarteckel stellt man sich saufarben in unterschiedlichen Intensitätschangierungen vor; es gibt ihn aber auch in schwarzrot, braun und dürrlaubfarben.

Abb. 10: Rauhhaarteckel Tomba vom Frohen Eck

Der Rauhhaarteckel entstand aus dem Kurzhaarteckel durch Einkreuzung von Pinscher- und Terrierblut. Einen Hinweis auf das Schnauzer-Erbe findet sich noch ganz augenfällig: Die Pfeffer- und Salzfarbe schlägt sich in den Schattierungen des Saufarbenen nieder.

Bedeutender scheint der Einfluß des Terrierblutes zu sein. Der Terrier, ganz besonders der Dandie-Dinmont-Terrier, galt in seiner englischen Heimat als scharfer, wendiger und zäher Bauhund, der sich, unter der Erde ganz auf sich gestellt, im Kampf gegen das Raubwild mutig bewährte. Eigenschaften, deretwegen wir unseren Teckel bis heute schätzen.

Die Einkreuzung von Pinscher- und Terrierblut brachte leider auch Einbußen beim Spurlaut mit sich. Der Spurlaut, eine angewölfte Anlage, vererbt sich dominant. Durch planmäßige Zucht ist der Spurlaut in dieser Haarart heute wieder so manifestiert, daß die Rauhhaarigen den anderen Teckeln im Spurlaut nicht nachstehen, sie teilweise gar übertreffen. Beim Kauf ist es daher wichtig darauf zu achten, daß diese Anlage bei den Ahnen auf einer Prüfung nachgewiesen wurde.

Die Einkreuzung des Dandie-Dinmont-Terriers hat für die Rauhhaarteckelzucht auch ein anderes Problem mit sich gebracht. Der rauhhaarige Dachshund soll eine mit Unterwolle durchsetzte, dichte, am Körper eng anliegende, harsche Behaarung haben, über buschige Augenbrauen und einen Bart am Fang verfügen.

Aus der Ferne gesehen, soll sich der Rauhhaarteckel nur durch Bart und Augenbrauen vom Kurzhaarteckel unterscheiden. Die weichere Behaarung des Dandie-Dinmont-Terriers schlägt beim Rauhhaarteckel immer wieder durch: Das Körperhaar ist seidig, lang, abstehend, oftmals gelockt, beim Kopfhaar kommt es zur Schopfbildung.

Eine derartige Behaarung ist im Jagdgebrauch gänzlich ungeeignet: Zu weiches und zu langes Haar gibt dem Hund bei kalter und nasser Witterung nicht den notwendigen Schutz, Schmutz, Kletten und Dornen bleiben darin hängen, Schnee bringt Klümpchenbildungen, die den Hund behindern.

Zum Glück stellt die Behaarung für Sie als Jäger beim Kauf eines Rauhhaarteckels kein Problem dar, da bereits beim Welpen die Haarqualität erkennbar ist. Finden Sie in einem acht Wochen alten Wurf bereits richtige Rauhbautze vor, d. h. Welpen, die schon einen frech abstehenden Bart rund um ihre Schnauze haben, dann ist das freilich ganz possierlich, leider aber auch der sichere Hinweis darauf, daß diese Hunde einmal zu langes und zu weiches Haar haben werden. Rauhhaarteckel mit einer idealen Behaarung haben schon im Welpenalter eine kurze, harsche Jacke und nur einen kleinen Bartansatz am Fang. Sie begeistern eben nicht durch struppeliges Aussehen, sondern durch ihre „tausend" Dackelfalten auf der Stirn.

Der Langhaarteckel

Auch der Langhaarteckel hat seinen Ursprung im Kurzhaarteckel, in dessen Blut langhaarige Stöberhunde eingekreuzt wurden. Es ist überliefert, daß der Deutsche Wachtelhund in die Entstehung des Langhaardackels involviert war. Einiges deutet auch auf den Einfluß des Spaniels hin, doch liegen hierfür keine sicheren Beweise vor.

Der Langhaarteckel verfügt über eine mit Unterwolle versehene seidig glänzende, lange Behaarung, die am Körper anliegt, sich unter dem Hals und an der Unterseite des Körpers verlängert. Am unteren Rand des Behanges hängt sie über. An der Hinterseite der Läufe bilden sich sogenannte Federn. Die größte Länge wird an der Unterseite der Rute erreicht, wo sich eine Fahne zeigt. Es überwiegen die Farbschläge rot (teils mit Deckhaar) und schwarzrot.

Mit seinem edlen und eleganten Erscheinungsbild ist der Langhaarteckel zu einem begehrten Objekt von Schönheitszüchtern und „Liebhaberbesitzern" geworden. Dies läßt sich auch an den Eintragungen in das Stammbuch des Deutschen Teckelklubs von 1993 erkennen: 20,5% der in diesem Jahr gewölften Teckel waren langhaarige, ihr Anteil an den Eintragungen ins Gebrauchsteckelstammbuch liegt jedoch bei nur 11,8%.

Von seiner Anlage her verkörpert der Langhaarteckel alle guten Eigenschaften des Bracken- und Stöberhunderbes und erfüllt so alle gewünschten Anforderungen eines Jagdhundes im Waldrevier. Dort, wo er jagdlich gezüchtet und geführt wird, zeigt er ebenso gute Leistungen wie die anderen Haararten.

Keiner Rasse bekommt es, zum „Modehund" gekürt zu werden. Gerade Jagdhunderassen erfreuen sich aufgrund ihres ausgeprägten Wesens allgemeiner Beliebtheit. Die Erfahrung zeigt jedoch, daß die für den jagdlichen Einsatz gefragten Kriterien züchterisch schnell zweitrangig werden und der Rasse leider zum Nachteil gereichen.

Abb. 11: Langhaarteckel Gamin vom Gütergotz

Um so wichtiger ist es, mit Überlegung an den Kauf eines Jagdhundes heranzugehen. Obwohl es sich beim Teckel (in allen Haararten) um eine gut durchgezüchtete Spezies mit phantastischen jagdlichen Vorfahren handelt, sollten Sie Ihr Augenmerk unbedingt auf eine jagdliche Leistungszucht legen. Denn Sie wollen einen zuverlässigen, brauchbaren Jagdhund, nicht einen Teckel, der zufällig auch hervorragende jagdliche Anlagen aufweist.

Größe des Teckels

Der Teckel wird in allen Haararten in drei Größen gezüchtet: der Normalschlagteckel, der Zwergteckel und der Kaninchenteckel. Die Größe des Normalschlagteckels wird über das Gewicht definiert, die der Kleinteckel über den Brustumfang.

Der Rassestandard des Dachshundes, der bei der FCI (Fédération Cynologique Internationale) hinterlegt ist, sieht vor, daß der Brustumfang eines Kaninchenteckels maximal 30 cm, der eines Zwergteckels höchstens 35 cm betragen darf, gemessen im Alter von 15 Monaten. Der Normalschlagteckel soll nicht mehr als 9 kg wiegen. Überschreitungen des Gewichtes mindern die Formwertnote.

Jeder Jäger wird sich über einen besonders schönen Dackel freuen, doch ist dieses Kriterium bei einem Jagdhund sicher zweitrangig. Ich erwähne diesen Gedanken just an dieser Stelle, da es gute Gründe geben kann, einem schwereren (nicht dickeren!) Teckel den Vorzug zu geben. Auch ein 10 kg-Dackel ist noch absolut rassetypisch und keineswegs ein plumper Vertreter seiner Rasse. Die Entscheidung für einen leichteren oder schwereren Typus beim Normalschlagteckel wird sich aus dem gewünschten Einsatzgebiet ergeben.

Ich selbst bevorzuge Teckel des schwereren Schlages. Das Wissen darum, daß ein schwerer Teckel ein krankgeschossenes Stück Rehwild halten und niederziehen kann, verleiht mir ein Gefühl der Sicherheit in Hinblick auf die Waidgerechtigkeit bei der Nachsuche. Auch bei Drückjagden auf Sauen ist mir ein kräftiger, robuster Dachshund lieber als einer vom leichten Schlag. Wichtig ist, daß der Teckel hochläufig genug ist, um wendig zu sein, d. h. der Bodenabstand sollte ein Drittel der Widerristhöhe betragen.

Wer seinen Hund vorwiegend für die Baujagd benötigt, wird sich eher für einen Dachshund des leichteren Schlages entscheiden. Die Röhren im Bau sind häufig sehr eng, besonders wenn sie mit Wurzelwerk versetzt sind. Ich habe schon erlebt, daß selbst ein 7 kg-Teckel solch eine Engstelle nicht passieren konnte.

Die Entstehung der Kleinteckel geht auf den Wunsch zurück, den Dachshund auch im Kaninchenbau einsetzen zu können. Durch Abrichtung entwickelt sich der Hund zu einem wahren und verläßlichen Gefährten des Jägers bei der Kaninchenjagd, während ein Frettchen nur bedingt dressurfähig ist und dem Menschen gegenüber mehr zahm, denn folgsam wird. Nicht selten kehren Frettchen nach der Kaninchenjagd nicht mehr zum Menschen zurück.

Nicht alle Kleinteckel vermögen, ein Kaninchen aus dem Bau zu sprengen. Sie leisten aber sehr gute Arbeit beim Einschliefen in den Bau, um krankgeschossene Kaninchen aus der Röhre zu ziehen. Denn bei Stöber- und Drückjagden suchen nicht wenige Kaninchen mit Bleischroten im Balg noch den schützenden Bau auf und verenden dort unter Qualen.

Heute wird die Mehrzahl der Zwerg- und Kaninchenteckel von Schönheitszüchtern gezogen, und leider geht der Trend zum immer kleineren Extrem. Hierbei muß daran erinnert werden, daß es sich bei der Kleinzüchtung um ein Negativzuchtkriterium handelt, denn eine natürliche Auslese wird stets kräftige und robuste Individuen bevorzugen. Solch eine Entwicklung steht im Widerspruch zu den Bedürfnissen eines Jagdgebrauchshundes.

Wenngleich die Kleinteckel die gleiche Abstammung wie die Normalschlagteckel ihrer Haarart haben und demgemäß über die gleichen guten jagdlichen Anlagen verfügen, muß darauf hingewiesen werden, daß ihre Einsetzbarkeit im Revier aufgrund ihrer geringen Größe stark eingeschränkt sein muß.

Selbstverständlich kann ein Kleinteckel mit einer hervorragenden Nasenleistung für eine Totsuche eingesetzt werden, und er wird sich dabei bestimmt bewähren. Bei einer Nachsuche, bei der damit gerechnet werden muß, daß das Stück noch nicht verendet ist, erscheint mir der Einsatz eines Kleinteckels im Sinne der Weidgerechtigkeit fragwürdig.

Meine Empfehlung bei der Entscheidung für einen Tekkel für den Jagdgebrauch wird daher immer auf einen Vertreter des Normalschlages zielen, es sei denn, Sie wollen Ihren Dachshund ausschließlich und speziell für die Kaninchenjagd einsetzen.

Entscheidung zwischen einem Welpen und einem abgerichtetem Hund

Diese Alternative würde sich für mich nie stellen. Jede Jagdausübung mit dem Hund ist Teamarbeit. Je besser das Team aufeinander eingestellt ist, desto besser wird der Erfolg ausfallen. Das günstigste Alter, einen Hund auf sich zu prägen, ist die Zeit zwischen 9. und 16. Lebenswoche. Näheres werde ich dazu noch später ausführen. Die Zeit der Erziehung sehe ich als Chance und Herausforderung zugleich, gemeinsam das Bestmögliche zu erreichen. Der Welpe erlebt die Zuwendung des Menschen und zugleich die Begrenzung durch den Menschen, erlebt Lob und Tadel, lernt von Anfang an das Miteinander. Dies sind Erfahrungen, die in dieser Intensität nie wieder nachgeholt werden können. Insofern kann ich jedem nur dringend empfehlen, sich auf das „Abenteuer Welpe" einzulassen.

Sollten Sie dennoch – aus welchen Gründen auch immer – einen abgerichteten Hund bevorzugen, möchte ich Ihnen auch hierfür einige Ratschläge mit an die Hand geben.

Beschränken Sie sich nicht darauf, den Hund zu besichtigen und seine Ahnentafel samt Prüfungsurkunden zu studieren. Erkundigen Sie sich ausführlich nach seinen Lebens- und Freßgewohnheiten, seinem Verhalten gegenüber Menschen, Hunden und anderen Tieren, seinen Eigenheiten. Je mehr Informationen Sie erhalten, desto klarere Rückschlüsse können Sie auch bezüglich seines Verhältnisses zum Abrichter ziehen.

Lassen Sie sich die jagdlichen Eigenschaften des Tekkels nicht nur auf dem Papier zeigen. Erkundigen Sie sich, ob sich die Ausbildung auf das Erreichen von Prüfungszielen beschränkte oder ob er auch praktische Jagderfahrungen gesammelt hat, mit welchen Wildarten er Berührung hatte. Ein seriöser Ausbilder wird Ihnen die Arbeitsweise des Hundes demonstrieren wollen, und Sie auch mit seinen Abrichtungsmethoden vertraut machen. Sie müssen wissen, auf welche Reize und Kommandos der Hund reagiert. Beurteilen Sie die Arbeit des Teckels auf einer Kunstfährte oder beim Stöbern am besten selbst.

Daß Sie diesen „fertigen" Hund nicht sofort im Jagdbetrieb einsetzen können, versteht sich von selbst. Zunächst einmal muß sich der Teckel an seinen neuen Besitzer gewöhnen. Dazu sollten Sie ihm ausgiebig Zeit gewähren. Dann erst kann eine Gewöhnung an die Arbeitsmethoden des neuen Besitzers erfolgen. Auch wenn der Teckel fertig abgerichtet ist, muß es zunächst eine Phase des Sich-Aufeinander-Einspielens zwischen den Jagdgefährten geben, in der die Lernziele und -methoden neu aufeinander abgestimmt werden. Am günstigsten wird es sein, wenn Ihnen der bisherige Ausbilder dabei mit Rat und Tat zur Seite steht.

Wahl des Züchters

Der Kauf eines Jagdhundes sollte nie übers Knie gebrochen werden. Sie haben bestimmte Erwartungen an Ihren vierbeinigen Jagdgefährten und sollten sich daher umfassend informieren und sich die Zeit nehmen, sich umzuschauen. Schließlich wollen Sie über ein Jahrzehnt lang Freude an Ihrem Teckel haben.

Vielleicht sind Sie begeistert vom Dackel Ihres Freundes und möchten nun auch genauso einen Hund Ihr eigen nennen. Oder Sie haben Ihren vierbeinigen Jagdgefährten gerade verloren, mit dem Sie so viele Jagderlebnisse teilten. Sicher werden Sie sich noch oft und gern an diese Stunden erinnern. Aber nehmen Sie Abschied von ihm. Sie werden ihn kein zweites Mal bekommen. Selbst wenn Sie zu demselben Züchter gehen, der einen Wurf aus der

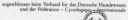

Deutscher Teckelklub e.V.
gegründet 1888 — angeschlossen beim Verband für das Deutsche Hundewesen und der Fédération - Cynologique - Internationale

Ahnentafel
für den Dachshund

Zampano vom Frohen Eck		Geschlecht: Rüde	VDH/DTK Nr. 9405523R
Haarart und Farbe: rauhhaar-dkl-saufarben		Wurftag: 8.7.1994	GTSt. Nr.
Züchter: Annette Frohnecke, 14129 Berlin			Tato-Nr. 26PF157
Leistungszeichen ▼		Wurfstärke: 3.4	†

Sp/J	St/J	Vp/J	Sp	SchwhK	SchwhK/40	SchwhN	Sw	St	Vp	BhFK	BhFN	BhDN	KSchlH	KSpN	Schußf.	Wa.-T.

Eltern	Großeltern	Urgroßeltern
Vater Tassilo vom Frohen Eck 9008081R Sp Vp BhFK GTSt.8/94 SG rauhhaar schwarzrot	GS 84 ISchCh 84 IACh 86 Suddebok - Kakao 8108873R Sp/J Sp St Vp BhFK GTSt.253/82 V	IACh 85 ISchCh 86 Grimmle vom Ahlsensee 8002167R Sp Vp BhFK GTSt.209/81 V
		Suddebok - Votrenutella 7807355R Sp/J BhFK V
	Nuschka vom Frohen Eck V8601662R Sp SchwhK Vp BhFK GTSt.135/89	GS 77 IACh 79 Ataman vom Samland 7602239R Sp/J SchwhK/J Vp/J Sp St BhFK GTSt.24/77 SG
		Frigga vom Frohen Eck V8000239R SchwhK/J Sp SchwhK SchwhK/40 Vp BhFK GTSt.111/84 V
Mutter Quaste vom Frohen Eck 8801747R Sp/J Sp SchwhK SchwhK/40 St Vp BhFK GTSt.103/91 SG rauhhaar dkl-saufarben	GS 81 LS 81 BS 83 ISchCh 83 VDH-CH 83 KS 86 Igor vom Brigittenhof 8001955R Sp/J Vp BhFK GTSt.266/81 V	GS 77 Amor von Hohenheide 7503703R Sp/J SchwhK/J SchwhK SchwhN St Vp BhFK GTSt.126/77
		Cindy vom Brigittenhof 7706320R Sp/J Sp St V
	Lucy vom Frohen Eck V8501535R Sp St BhFK	Erdmann aus der Messestadt 7603866R Sp Vp BhFK GTSt.207/78
		Frigga vom Frohen Eck V8000239R SchwhK/J Vp/J Sp SchwhK SchwhK/40 Vp BhFK GTSt.111/84 V

Ich, der unterzeichnete Züchter, versichere, daß die vorbezeichnete Hund von mir gezüchtet ist und die dem Zuchtbuchamt beigebrachten Zuchtunterlagen echt sind und die gemachten Angaben auf Wahrheit beruhen.

Berlin, den 07. September 19 94
Unterschrift des Züchters

Nach Prüfung der beigebrachten vorgeschriebenen Abstammungsangaben und Zuchtunterlagen wurde der vorbezeichnete Hund unter der oben angeführten Nummer in das Stammbuch des Deutschen Teckelklubs eingetragen.

47058 Duisburg, den 6.9.1994
Prinzenstraße 38

Leistungszeichen: BhFK = Bauhund Fuchs Kunstbau, BhFN = Bauhund Fuchs Naturbau, BhDN = Bauhund Dachs Naturbau, Sp = Spurlautprüfung bestanden, SchwhK = Schweißhundprüfung auf künstlicher Wundfährte bestanden, Tv = Verbandsschweißprüfung bestanden, SchwhN = Schweißhundprüfung auf natürlicher Wundfährte bestanden, Tv = Totverbeller, Tw = Totverweiser, Vp = Vielseitigkeitsprüfung bestanden, KSchlH = Kaninchenschleppe-Herausnahme, KSpN = Kaninchensprenger-Natur, St = Stöberprüfung bestanden, AP = Anlagenprüfung, GP = Gebrauchsprüfung, WS 19... = Weltsieger 19...

WJS 19... = Weltjugendsieger 19..., ES 19... = Europasieger 19..., EJS 19... = Europajugendsieger 19..., BS 19... = Bundessieger 19..., BJS 19... = Bundesjugendsieger 19..., KS 19... = Klubsieger 19..., KJS 19... = Klubjugendsieger 19..., GS 19... = Gebrauchssieger 19..., LS 19... = Landessieger 19..., ISchCh = Internationaler Schönheits-Champion, IACh = Internationaler Arbeits-Champion, DeCHVDH 19... = Deutscher Champion VDH 19..., DtCh 19... = Deutscher Champion 19..., BSs 19... = Bundes-Suchen-Sieger 19...
Formwert: V = Vorzüglich, sg = sehr gut.

Abb. 12: Ahnentafel

gleichen Verbindung liegen hat, werden Sie keinen identischen Hund bekommen. Jeder Teckel ist ein Individuum für sich, und jedem Teckel gebührt das Recht, nicht im Schatten seines Vorgängers oder Vorbildes aufzuwachsen, sondern sein eigenes Wesen und Temperament zu entwickeln. Geben Sie dem neuen Dackel diese Chance, und Sie werden viel Freude an ihm haben.

Der Weg zu einem empfohlenen oder bekannten Züchter ist sicher ein guter Einstieg für den Teckelkauf. Worauf sollten Sie nun unbedingt achten?

Von großer Bedeutung ist die Qualität der Zuchtstätte. Ein kleiner Zwinger, in dem pro Jahr nur eine begrenzte, überschaubare Zahl von Welpen aufgezogen wird, sollte den Vorzug vor einem Groß-, um nicht zu sagen: Massenzüchter erhalten. Nur hier können Welpen eine optimale Betreuung erhalten. In einer großen Zwingeranlage, in der fortlaufend Würfe fallen, kann sich ein Züchter nicht mehr individuell um die Welpen kümmern. Aber genau diese intensive Betreuung ist notwendig, um einen guten Jagdhund zu erhalten.

Ein engagierter Züchter wird es sich nicht entgehen lassen, die Entwicklung der Welpen genau zu verfolgen. Er wird das Verhalten der Welpen von Geburt an genau beobachten und schon frühzeitig Unterschiede ausmachen können. Voraussetzung dafür ist natürlich, daß die Mutterhündin mit dem Wurf in unmittelbarer Nähe gehalten wird. Ich habe gute Erfahrungen damit gesammelt, die Welpen ihre ersten vier Lebenswochen im Haus verbringen zu lassen, ehe sie in Zwinger und Garten umquartiert werden. Wie ich später noch ausführen werde, ist der Kontakt zum Menschen für die Sozialisation der Welpen von eminenter Bedeutung. Deshalb überzeugen Sie sich unbedingt, daß der Kontakt des Züchters (und möglichst noch anderer Personen) nicht nur auf die Reichung des Futters beschränkt ist.

Nach Möglichkeit sollten Sie den Züchter, während er den Wurf aufzieht, öfter besuchen, um die Welpen in ihrer Entwicklung zu beobachten. Sie werden erstaunt sein, wie groß die Fortschritte von Woche zu Woche sind. Vor allem aber nutzen Sie die Chance zu intensiven Gesprächen mit dem Züchter, der Ihnen normalerweise viele gute Ratschläge mit auf den Weg geben wird.

Bei Ihren Besuchen können Sie sich auch gleich von den hygienischen Verhältnissen im Zwinger überzeugen. Ein verantwortungsbewußter Züchter wird Ihnen gern die Unterbringung seiner Hunde und der Welpen zeigen.

Daß Sie die Mutterhündin und – sofern möglich – auch den Vaterrüden des Wurfes kennenlernen, sollte selbstverständlich sein.

Lassen Sie sich aber auch die Ahnentafeln mit den Leistungsnachweisen der Vorfahren vorlegen. Auf den Ahnentafeln des Deutschen Teckelklubs sind die errungenen Leistungszeichen für bestandene Prüfungen jeweils unter dem Namen des Hundes verzeichnet. Auf die Bedingungen, die zur Erreichung der einzelnen Leistungszeichen notwendig sind, werde ich noch in einem separaten Kapitel näher eingehen.

An dieser Stelle möchte ich aber schon auf zwei wichtige Kriterien aufmerksam machen. Ahnentafeln, auf denen alle Vorfahren den Nachweis einer bestandenen Spurlautprüfung und Baueignungsbewertung erbracht haben, erhalten das Prädikat „Aus Jagdgebrauchsteckelzucht". Dies ist von besonderer Bedeutung, da es sich sowohl beim Spurlaut als auch bei der Raubwildschärfe um angewölfte Eigenschaften handelt, die nicht durch Abrichtungsmaßnahmen zu erlangen sind. Achten Sie daher unbedingt auf diesen Prädikatsstempel!

Ferner werden vom Deutschen Teckelklub Gebrauchsteckelstammbuchnummern vergeben an Teckel, die zum einen erfolgreich eine Baueignungsbewertung absolviert haben und zum anderen den Nachweis einer Spurlaut-, Stöber- und Schweißprüfung (in Form von Einzelprüfungen oder in Kombination auf einer Vielseitigkeitsprüfung) erbracht haben. Die Gebrauchsteckelstammbuchnummer wird also unabhängig von der eigentlichen Stammbuchnummer, die ausschließlich einen Registriernachweis im Stammbuch darstellt, vergeben. Der Eintrag ins Gebrauchsteckelstammbuch ist folglich immer mit einem Leistungsnachweis verbunden. Sie finden diese Nummer auf der Ahnentafel jeweils im Anschluß an die ausgewiesenen Leistungszeichen bei den Vorfahren. Achten Sie darauf, daß möglichst viele Ahnen den Eintrag ins Gebrauchsteckelstammbuch erworben haben, denn dies ist nicht nur ein Beweis für die vielseitige Brauchbarkeit dieser Teckel, sondern auch ein gutes Indiz für entsprechend gute Erbanlagen Ihres Welpen.

Zucht

Über die Zucht ließe sich so viel sagen, daß ein eigenes Buch daraus entstünde. Da sich diese Monographie an Jäger und nicht vorrangig an Züchter richtet, will ich meine Ausführungen zu diesem Themenbereich stark straffen. Meine Überlegung, den Aspekt der Zucht gänzlich auszusparen, habe ich rasch verworfen. Die Kenntnis einiger Grundgedanken über die Zucht können beim Kauf sehr hilfreich sein.

Zuchtzulassung und Partnerwahl

Im Deutschen Teckelklub ist jeder Teckel mit Vollendung des 15. Lebensmonats zur Zucht zugelassen, sofern er auf einer Zuchtschau den Formwert „sehr gut" erhalten hat. Dieses minimale Kriterium kann einem Züchter von Jagdteckeln auf gar keinen Fall genügen.

An einen Jagdteckel werden bestimmte Erwartungen gestellt. Ein Züchter wird darauf achten, daß die angewölften Anlagen wie Spurlaut und Raubwildschärfe in allen Generationen der Ahnen auf Prüfungen nachgewiesen wurden. Der Eintrag ins Gebrauchsteckelstammbuch gibt darüber hinaus Auskunft über die Eignung für den Einsatz für die Nachsuchenarbeit und das Stöbern. Haben die Hunde gar einen Gebrauchssiegertitel errungen, zeigt dies, daß die Prüfungen mit einem sehr guten Ergebnis absolviert wurden. Es muß aber darauf hingewiesen werden, daß der Gebrauchssiegertitel nur eine begrenzte Aussagekraft hat. Der Umkehrschluß nämlich, daß Teckel, die den Titel nicht errungen haben, eine derart gute Leistung nicht erbringen können, ist unzulässig. Zuviele Komponenten fließen in ein Prüfungsergebnis ein (Witterung,

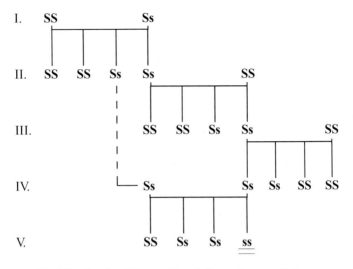

Das Modell zeigt den Erbgang über 5 Generationen mit dem rezessiven Gen für „stumm jagend".

Jeder Teckel trägt für die entsprechende Eigenschaft zwei Gene, von denen jeweils eines an die Nachkommenschaft weitergegeben wird:

S für den dominanten Spurlaut
s für das rezessive stumme Jagen

SS - und Ss - Tiere sind spurlaut, nur ss - Teckel verfügen nicht mehr über diese Fähigkeit und jagen stumm.

Abb. 13: Modell eines rezessiven Erbganges am Beispiel des spurlauten bzw. stumm jagenden Dachshundes.

Bodenverhältnisse, Wildvorkommen, Geschick des Hundeführers, nicht zu vergessen: das berühmte Quentchen Prüfungsglück), so daß manch einem hervorragenden Teckel der Titel versagt bleibt. Denn eine einmal bestandene Prüfung darf nicht mehr zum Zwecke der Verbesserung des Prüfungsergebnisses wiederholt werden.

Der Leistungsnachweis der Ahnen bietet allerdings noch keine Garantie dafür, daß alle Nachkommen über die gleichen Qualitäten verfügen werden. Ausschlaggebend hierfür sind die Vererbungsmodalitäten. So vererbt sich zum Beispiel der Spurlaut dominant, das stumme Jagen hingegen rezessiv. Demzufolge kann ein Hund, der selbst spurlaut ist, über ein „stummes" Gen verfügen und dies an seine Nachkommen weitergeben, ohne daß es bemerkt wird. Denn erst wenn bei einer Verpaarung beide Partner das gleiche rezessive Gen haben und dieses von beiden weitergegeben wird, entsteht ein Teckel, der nicht über die Anlage „Spurlaut" verfügt.

Gerade deshalb ist es so wichtig, daß die Leistungsnachweise durchgehend sind. Ein erfahrener Züchter wird sich nicht nur auf die Nachweise der direkten Ahnen beschränken, sondern sich mit Hilfe der Gebrauchsteckelstammbücher auch über die Familien der Ahnen informieren. Je konstanter eine Anlage in einer Familie verankert ist, desto stärker sinkt die Wahrscheinlichkeit des Auftretens eines rezessiven Merkmals.

Aber bei weitem nicht alle Erbvorgänge folgen der Dominanzregel der MENDELschen Gesetze. So sind zum Beispiel einige Merkmale an mehr als nur ein Gen gebunden. Mit Wachsen der Komplexität eines Erbvorganges sinkt die Möglichkeit der Zuchtlenkung. Dem Menschen sind hier natürliche Grenzen gesetzt. Er muß sich jedoch im Rahmen seiner Kompetenzen der Verantwortung stellen. So kann sich Zuchtselektion nicht nur auf das Kontrollieren von Leistungsnachweisen auf den Ahnentafeln beschränken. Prinzipiell ist zu beachten, daß neben der jagdlichen Eignung das Wesen des Hundes eine große Rolle spielt. Prüfungsergebnisse geben hierüber keine Auskunft. Hier ist die Beobachtungsgabe des Züchters gefragt.

Zuchtselektion beginnt zunächst mit der Wahl der Zuchthündin. Stammt sie aus einem selbstgezogenen Wurf, so hat der Züchter optimale Voraussetzungen, ihre Entwicklung von Geburt an zu beobachten. Er kennt ihr Temperament, ihr Durchsetzungsvermögen, ihr Sozialverhalten, ihre Rangstellung innerhalb des Wurfes, und die Devise muß lauten, stets nur die beste unter allen guten Hündinnen auszuwählen. Dies setzt eine gute Beobachtungsgabe und Einfühlungsvermögen voraus.

Der Züchter wird die Hündin dann selbst erziehen, abrichten und auf Prüfungen führen, kurzum: er kennt sie wie kein Zweiter. Hund und Hundeführer „wachsen miteinander", und nicht selten entsteht aufgrund des gemeinsamen Erfolges eine starke Identifizierung des Führers mit dem Hund, die leider recht oft mit einer unkritischen Beurteilung bezüglich der Vererbungsqualitäten des Hundes einhergeht. Es geschieht nur allzu leicht, daß man leichte Wesensmängel an seiner Hündin, früh erkannt und durch geschickte Abrichtung „ausgebügelt", später nicht mehr wahrhaben möchte. (Dieses Phänomen ist leider nur allzu menschlich und trifft daher gleichermaßen auf Rüden- wie auch auf Hündinnenbesitzer zu!) Daher ist vor allem Ehrlichkeit des Züchters, Ehrlichkeit vor sich selbst (!), gefragt. Emotionale Verklärtheit wird einer Zucht im Zweifelsfall nur schaden. Ein Züchter muß sich darüber im Klaren sein, daß Fehler seiner Hündin durch einen noch so erstklassigen Deckrüden nicht auszumerzen sind; sie lassen sich bestenfalls überdecken.

Bei der Rüdenwahl muß mit gleicher Sorgfalt vorgegangen werden. Ein gutes Indiz für die genetischen Qualitäten des Rüden kann die Beurteilung seiner Nachzucht sein. Hierbei muß aber natürlich von dem Irrglauben Abstand genommen werden, daß alle guten Eigenschaften hauptsächlich auf die Vererbung des Rüden zurückzuführen seien. Gute Nachzucht eines Rüden aus verschiedenen Hündinnen läßt jedoch einen relativ sicheren Rückschluß auf seine Vererbung zu.

Um bestimmte züchterische Ziele zu verfolgen, muß die Abstammung des Rüden berücksichtigt werden. Nicht jede geplante Verpaarung harmoniert von den Blutlinien her, so daß es dann nicht verwunderlich ist, wenn der gewünschte Erfolg ausbleibt.

Stark vereinfacht, unterscheidet man zwei Zuchtverfahren: die Fremdzucht und die Inzucht.

Bei der Fremdzucht werden Partner gepaart, die nicht miteinander verwandt sind, d. h. in ihrer Abstammung aus gänzlich verschiedenen Familien stammen. In der Regel wird dies in der Teckelzucht selten vorkommen, da die Zuchthunde meist auf gemeinsame Vorfahren zurückführen. Der Einfluß von gemeinsamen Vorfahren, die mehr als sieben Generationen zurück liegen, ist jedoch schon sehr begrenzt. Die Fremdzucht bietet sich insbesondere an, wenn die Abstammung eines Zuchtpartners auf sehr engen Blutlinienanschlüssen beruht.

Bei der Inzucht differenziert man zwischen der mäßigen und der engen Inzucht. Unter der mäßigen Inzucht versteht man einen Blutlinienanschluß, also eine Verpaarung zwischen weiter entfernt verwandten Hunden, höchstens jedoch zwischen Halbgeschwistern. Die enge Inzucht, Inzestzucht genannt, sieht eine Verpaarung von Vollgeschwistern oder Elternteil mit Kind (Vater und Tochter bzw. Mutter und Sohn) vor. Je höher der Verwandtschaftsgrad bei einer Verpaarung (man spricht vom *Inzuchtkoeffizienten*) ist, desto größer die Chance, gute Eigenschaften herauszuzüchten, aber desto größer auch zugleich die Gefahr, schlechte Eigenschaften bis hin zu Erbkrankheiten herauszubringen. Verpaarungen mit hohen Inzuchtkoeffizienten sollten daher nur von erfahrenen Züchtern praktiziert werden; Inzestverpaarungen bedürfen besonderer Beratung.

Inzucht ist also ein probates Mittel, um positive Merkmale in einer Zucht zu verstärken. Gelegentlich werden leider auch unerwünschte Merkmale auftreten. Denn jede Art von Zucht bringt zwangsläufig irgendwelche Defekte hervor. Allzu schnell wird dann von „Überzüchtung" gesprochen, wobei diejenigen, die diesen Begriff verwenden, nur zeigen, daß sie bislang noch keinen tiefen Einblick in Vererbungsvorgänge genommen haben.

Kein Züchter wünscht sich das Auftreten von Mängeln in seiner Zucht. Dennoch ist er als Mensch nicht davor gefeit. Sollten sich Fehler gezeigt haben, obliegt es ihm jedoch, verantwortungsbewußt Konsequenzen daraus zu ziehen. Wenn er dies unterläßt, trifft ihn persönliche Schuld.

Nach Ausloten aller theoretischen Aspekte bei der Wahl des Rüden muß der Züchter auch hier seine Beobachtungsgabe bezüglich der Wesenskontrolle walten lassen. Vielleicht ergibt sich die Gelegenheit, daß Sie ihn bei einer Prüfung beobachten können. Wichtig sind die scheinbar beiläufigen Dinge, diejenigen nämlich, die einem so selbstverständlich vorkommen: Wie verhält sich der Hund fremden Menschen gegenüber? Wie begegnet er anderen Hunden? Zeigt er sich in der ungewohnten Situation verkrampft, gar aggressiv, oder bleibt er souverän? Wie reagiert er auf den Schuß? Am besten freilich ist es, sollte sich obendrein die Gelegenheit bieten, gemeinsam zur Jagd zu gehen, so daß man die Arbeit des Hundes direkt vor Ort beurteilen kann. So formt und vollendet sich langsam das Bild des gewünschten Zuchtpartners.

Läufigkeit und Deckakt

Eine Hündin erreicht ihre Geschlechtsreife etwa im Alter von sechs bis neun Monaten: sie ist dann das erste Mal heiß (läufig). Das bedeutet jedoch nicht, daß sie zu diesem Zeitpunkt bereits zur Zucht verwendet werden soll. In diesem Alter ist der Körper der Hündin noch gar nicht ausgewachsen. Die Zuchtverbände tragen diesem Umstand in ihren Zucht- und Eintragungsbestimmungen Rechnung. Der Deutsche Teckelklub läßt Hündinnen ab dem vollendeten fünfzehnten Lebensmonat zur Zucht zu.

Ich habe es mir zur Angewohnheit gemacht, eine Hündin frühestens bei ihrer dritten Hitze erstmals belegen zu lassen. Da die Zyklen der Hündinnen individuell diffe-

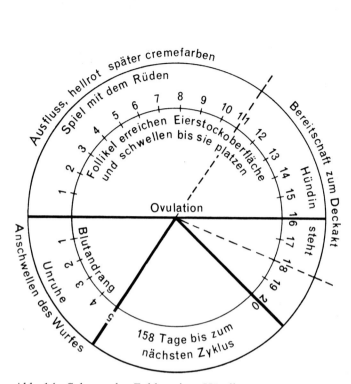

Abb. 14: Schema des Zyklus einer Hündin

rieren, kann es passieren, daß sie dann bereits das zweite Lebensjahr vollendet haben, was mir nur vorteilhaft erscheint. Sie gewinnen in dieser Zeit an Reife, und als Züchter kann man die Tiere besser einschätzen, da sie mehr Möglichkeiten hatten, sich jagdlich zu bewähren.

Eine Hündin wird normalerweise zweimal im Jahr heiß, d. h. es gibt biologisch nur zwei Termine im Jahr, zu denen eine Hündin von einem Rüden gedeckt werden kann. Bei vielen Hündinnen erfolgt die Hitze jedoch nicht im sechsmonatigen Zyklus; die Abstände weichen individuell ab und können sich ohne weiteres auch bei acht bis zehn Monaten einpendeln. Daher ist es wichtig, den Beginn der Läufigkeit genau festzustellen.

Als erstes Anzeichen der nahenden Hitze fällt bei der Hündin eine gewisse Unruhe auf. Sie äußert sich insbesondere darin, daß die Hündin Markierungen setzt, also die Blase nicht wie sonst gänzlich entleert, sondern – ähnlich wie Rüden – ihr Terrain durch Absetzen von Urintropfen kenntlich macht. Diese Phase kann bereits zwei oder drei Wochen vor Beginn der Hitze einsetzen. Wenige Tage davor ist dann ein Anschwellen der Schnalle (Scheide) zu bemerken. Von nun an muß ständig kontrolliert werden, wann die Hündin zu färben beginnt, d. h. rötlichen Ausfluß abzusondern. Dies ist der eigentliche Beginn der Hitze.

Der Ausfluß hält über etwa neun bis elf Tage an, wobei sich die Farbe von rot ins cremefarbene verändert. Erst dann schließt sich die Zeit der Ovulation (des Eisprungs) an. Jetzt „steht" die Hündin, läßt den Rüden also an sich heran. Äußerlich kenntlich wird diese Phase dadurch, daß die Hündin bei Berührung ihres Rückens im Bereich der Lendenpartie die Rute zur Seite legt und zugleich die Schnalle nach oben zieht. Die Stehzeit dauert etwa knapp eine Woche. Der Zeitpunkt des Befruchtungstermins kann durch den Tierarzt exakt bestimmt werden. Normalerweise erübrigt sich der Gebrauch dieser medizinischen Methodik allerdings, kann jedoch hilfreich sein, wenn man weitere Distanzen überwinden muß, um zu dem gewünschten Zuchtpartner zu gelangen.

In der Regel liegt der günstigste Zeitpunkt für den Deckakt zwischen dem elften und vierzehnten Tag der Hitze. Zeigt sich die Hündin deckbereit, sollte man den Weg zum Rüden wagen. Ist man sich über den Erfolg nicht im Klaren (etwa bei einer jungen Hündin beim ersten Versuch), empfiehlt sich eine Wiederholung des Deckaktes. Da das Sperma etwa zwei bis drei Tage lebensfähig ist und es in diesem Zeitraum zu einer Befruchtung kommen kann, sollte man auf jeden Fall einen Tag vor dem erneuten Versuch pausieren.

Abweichungen von der Regel gibt es natürlich immer.

So erinnere ich mich an Nuschka, bei der ich bereits ab dem siebten Tag der Hitze ihre Deckbereitschaft entdeckte. Aber ich schenkte meiner Beobachtung keinen Glauben, wich sie doch so sehr von den statischen Werten ab, und brachte sie erst am elften Tag mit dem Rüden zusammen. Sie ließ sich nur ungern decken und ... blieb leer. Künftig erfolgten die Paarungen völlig problemlos am neunten Tag, und Nuschka brachte jedesmal sieben Welpen zur Welt.

Meine Frigga hingegen hatte, jeweils am zwölften Tag der Hitze belegt, einen Siebener- und einen Achterwurf gebracht. Die folgende Läufigkeit, bei der sie belegt werden sollte, überraschte uns im Urlaub, so daß sie erst am sechzehnten Tag mit dem Rüden zusammenkommen konnte. Frigga zeigte sich nicht gänzlich unwillig, wehrte den Rüden aber immer im „entscheidenden" Moment ab. Ich respektierte Friggas Willen, wußte ich doch, wie souverän sie sich sonst beim Deckakt verhielt, sah ein, daß der Zeitpunkt überschritten war. Während „wir Menschen" uns unterhielten, inspizierte Frigga das Terrain des Rüden. Ein Klappern ließ uns nach den Hunden suchen. Frigga hatte in der Küche den gefüllten Napf des Rüden gefunden und hielt sich am Inhalt schadlos, während der Rüde nun ungestört dem Paarungsspiel frönte! Neun Welpen waren das Resultat dieses späten „Intermezzos"!

Auch hier sind also wiederum die Beobachtungsgabe des Menschen und Vertrauen in die Instinkte unserer Hunde gefragt. Schon manch ein Züchter mußte erleben, daß die Hündin den auserkorenen Rüden in der Stehzeit vehement abbiß und nach einem zwanghaft vollzogenen Deckakt leer blieb. Hierfür können zwar unterschiedliche Gründe vorliegen, aber häufig genug wehrt sich die Hündin nur gegen diesen speziellen Partner. Auch im Tierreich kann man deutliche Sym- und Antipathien zwischen Partnern beobachten. Eine Hündin, die sich gegen einen Rüden wehrt, kann sich ohne weiteres bei einem anderen deckbereit zeigen.

Ein natürlich vollzogener Deckakt mit vorangehendem, werbendem Liebesspiel ist allemal zu bevorzugen. Das heißt aber nicht, daß der Mensch sich dem Geschehen total entziehen soll. Auch hier obliegt ihm die Verantwortung. Er muß zur Stelle sein, falls die Hündin aufgrund von Schmerzeinwirkung den Rüden nach dem Decken abwehren will. Hier besteht Verletzungsgefahr. Denn bei Hunden kommt es zum sogenannten Hängen, einem Zustand, aus dem sich die Hunde weder aus Willenskraft noch durch äußere Einwirkung lösen können. Deshalb ist das Entleeren eines Eimers mit Wasser über den Hunden, wie oft bei ungewollten Deckakten praktiziert, gänzlich unsinnig und uneffektiv.

Wie kommt es zu diesem Hängen? Der Rüde verfügt über einen zusätzlichen Schwellkörper an seinem Penis, der sich aufrichtet, sobald er sich in der Vagina befindet. Gleichzeitig zieht sich die Scheide der Hündin zusammen, so daß die beiden für einen längeren Zeitraum, der zwar individuell differiert, zumeist aber zwanzig bis dreißig Minuten beträgt, miteinander verkoppelt bleiben.

Durch diese anatomische Besonderheit, die übrigens alle Caniden aufweisen, soll dem Rüden Zeit gegeben werden, außer seinem Samen auch noch Prostataflüssigkeit abzusondern, was die Befruchtung begünstigt. Unabdingbare Notwendigkeit für eine erfolgreiche Paarung ist das Hängen allerdings nicht. Ausschlaggebend ist, daß der Rüde sein Sperma in der Vagina absetzt, auch wenn er nicht tief genug eindringt, um den Reflex des Hängens auszulösen. Auch künstliche Befruchtungen haben bewiesen, daß das Hängen für den eigentlichen Vorgang der Fertilisation überflüssig ist.

Der Deckakt ist nun zur Zufriedenheit aller verlaufen. Der Züchter muß seine Hündin weiterhin unter Aufsicht halten. Die Stehzeit endet nämlich nicht mit dem Vollzug des Paarungsakts. Die Hündin könnte nochmals gedeckt werden, auch von einem anderen Rüden, was unter allen Umständen zu verhindern ist. Der Einfallsreichtum eines liebestollen Rüden, der sich seinen Weg zu der läufigen Hündin bahnen will, ist nicht zu unterschätzen, und auch manche Hündin tut das ihre dazu, dem Rüden den Weg zu erleichtern. Also seien Sie auf der Hut! Ansonsten heißt es nun erst einmal Abwarten, bis sich die ersten Anzeichen der Trächtigkeit zeigen.

Trächtigkeit

Daß sich die Hündin vor dem geplanten Deckakt in guter Konstitution befindet, möchte ich als eine Selbstverständlichkeit voraussetzen. Jeder verantwortungsbewußte Züchter wird darauf achten, daß der Ernährungszustand seiner Zuchthündin optimal ist. Sowohl Über- als auch Untergewicht wirken sich nachteilig auf die Reproduktionsleistung aus. Die Wahrnehmung aller möglichen gesundheitlichen Prophylaxemaßnahmen begünstigen darüberhinaus die Befindlichkeit der Mutterhündin und sichern dem Nachwuchs optimale Entwicklungschancen.

Ernährung der trächtigen Hündin

Die Ernährung der tragenden Hündin muß – wie sonst auch – qualitativ hochwertig und ausgewogen sein. Das Futter soll aus Fleisch und Beikost ungefähr im Verhältnis 2 : 1 bestehen. Als Fleisch bieten sich Pansen, Labmagen, Blättermagen, Schlund, Herz und Muskelfleisch an, das vom Rind roh verfüttert werden kann, vom Schwein jedoch wegen der Gefahr der Infizierung mit der *Aujeszkyschen Krankheit*, die beim Hund immer *tödlich* verläuft (s. Kapitel „Erkrankungen des Teckels"), grundsätzlich richtig durchgekocht sein muß. Geflügel- und Wildfleisch werden von den Hunden genauso gern wie auch Fisch genommen. Weiterhin bietet sich die Fütterung von Eiern und Magerquark zur Komplettierung des

Eiweißbedarfes an. Drüsengewebe wie Milz, Leber, Niere, Lunge und Euter können Durchfall, Knochen hingegen Verstopfung verursachen. Wegen der Verletzungsgefahr innerer Organe dürfen keine Röhrenknochen verfüttert werden. Als Beikost dienen Getreideprodukte (im Tierhandel erhältliche Flocken oder Reis) und Gemüse, z. B. rohe Mohrrüben. Man kann natürlich auch auf die im Handel erhältlichen Fertigprodukte (Konserven und Trockennahrung) zurückgreifen, deren Zusammensetzung genau auf die Bedürfnisse der Tiere abgestellt ist.

Die Futtermenge, die ein Teckel täglich benötigt, fällt individuell so unterschiedlich aus, daß ich diesbezüglich keine Empfehlung geben möchte. Es gibt unter den Teckeln gute und schlechte Futterverwerter, und der Bedarf steht nicht zuletzt auch in Abhängigkeit von Temperament, Bewegungsdrang und Leistungseinsatz. Zur Veranschaulichung möchte ich als Beispiel den Futterbedarf von zwei meiner Hündinnen (gleichen Alters und gleicher Größe) anführen, die unter gleichen Bedingungen leben: Die tägliche Fleischration der einen darf 100 g nicht überschreiten, damit sie in Form bleibt, die andere erhält mindestens 300 g (jeweils zuzüglich Beifutter) und bewegt sich damit noch immer an der Grenze des „Nicht-zu-dünn-Seins". Als Faustregel eines richtig ernährten Teckels gilt, daß seine Taille klar erkennbar und die Rippen leicht zu fühlen sind.

Der Nährstoffbedarf der trächtigen Hündin bleibt zunächst konstant. Das Wachstum der Feten setzt etwa um den 30. Tag der Trächtigkeit ein. Erst zu diesem Zeitpunkt steigt auch der Nährstoffbedarf der Mutterhündin. Er liegt in der zweiten Hälfte der Trächtigkeit um etwa 50% über dem normalen Erhaltungsbedarf.

Es ist sinnvoll, diesen erhöhten Bedarf nicht nur durch eine entsprechende Erhöhung der Futtermenge zu erreichen, sondern auch durch eine größere Nährstoffdichte des Futters. Durch das Wachstum der Feten wird im Laufe der Trächtigkeit der Organismus der Hündin zunehmend stärker belastet. Gibt man der Hündin jetzt eine gehaltvollere, konzentrierte Nahrung, kommt dies der sich stetig verringernden räumlichen Situation zugute. Darüberhinaus kann der Hündin in der Phase der Hochträchtigkeit eine gewisse Entlastung dadurch gebracht werden, daß die tägliche Futterration auf mehrere kleinere Portionen verteilt wird. So läßt sich der erhöhte Nährstoffbedarf während der Trächtigkeit unproblematisch decken, ohne daß der Organismus die körpereigenen Reserven der Mutterhündin angreifen muß.

Meistens stellt sich kurz vor dem Wurftermin Freßunlust ein. Dies ist kein Grund zur Beunruhigung. Vermutlich dient diese instinktive Maßnahme der Entschlackung des Darms.

Während der zweiten Hälfte der Trächtigkeit sollte die Hündin ein Calciumpräparat erhalten. Der jetzt erhöhte Calciumbedarf dient allerdings weniger der Entwicklung der Feten, wie sich vermuten ließe, sondern ist vielmehr für die folgende Säugeperiode von Bedeutung.

Allgemeine gesundheitliche Prophylaxe

Zur Zwingerhygiene gehört eine regelmäßige Kontrolle der Zuchttiere auf *Endoparasiten*. Es bleibt dem Züchter oder allgemein dem Hundebesitzer überlassen, ob er seinem Hund prophylaktisch ein vom Tierarzt verordnetes Wurmmittel verabreicht, oder ob er eine Kotuntersuchung durchführen läßt und das Tier dann nur im Bedarfsfall behandelt. Die im Handel befindlichen Medikamente sind heute zumeist so gut verträglich, daß gegen eine vorbeugende Behandlung nichts einzuwenden ist.

Diese Maßnahme sollte bei der Zuchthündin noch vor Beginn der Läufigkeit durchgeführt worden sein, um sicher zu gehen, daß sie keinen Wurmbefall hat, der ihren Organismus schwächen könnte. Während der Trächtigkeit hingegen ist von einer Wurmkur abzuraten. Der Befall der

Welpen mit zumeist Spulwürmern ist nicht auf eine Verseuchung des Muttertieres zurückzuführen. Vielmehr werden im Zuge der Trächtigkeit Spulwurmlarven, die im Muskelfleisch abgekapselt waren, hormonell bedingt, aktiv und gelangen entweder durch die Blutbahnen in die Feten oder gehen während der Laktationsperiode auf die Welpen über. Ich werde später noch einmal darauf zu sprechen kommen.

Weiterhin muß eine Kontrolle auf *Ektoparasiten* erfolgen. Bei einem Teckel, der regelmäßig mit ins Revier genommen wird, erscheint dabei der Befall mit Zecken und/oder Flöhen am wahrscheinlichsten. Das Fell und die Haut sollten daher gründlich untersucht werden. Zecken lassen sich problemlos aus der Haut herausdrehen (gegebenenfalls auch mit Hilfe einer Zeckenzange). Flöhe kann man durch Kämmen mit einem feinzinkigen Kamm aus dem Fell entfernen. Von der Verwendung chemischer Mittel ist während der Trächtigkeit dringend abzuraten.

Von großer Wichtigkeit ist die Überprüfung des *Impfschutzes* der Mutterhündin. Alle Hunde sollten über eine kontinuierliche Immunisierung gegen Staupe, Hepatitis, Leptospirose, Parvovirose und Tollwut verfügen. Kontrollieren Sie im Impfpaß nach, wann bei Ihrem Teckel die nächste Wiederholungsimpfung fällig ist. Steht sie in den nächsten Wochen an, so empfiehlt es sich, die Mutterhündin in der ersten Hälfte der Trächtigkeit zu impfen, da auf diese Weise auch die Feten einen optimalen Immunschutz erhalten.

Darüberhinaus muß auch die trächtige Hündin weiterhin ausreichend Auslauf bekommen. Regelmäßige Bewegung fördert den Stoffwechsel und kräftigt die Muskulatur, wodurch der bevorstehende Geburtsvorgang erleichtert wird.

Verlauf der Trächtigkeit

Die Trächtigkeit der Hündin dauert 63 Tage mit Schwankungen von etwa vier Tagen nach oben und unten.

Die ersten vier Wochen verlaufen unauffällig. Einige Hündinnen werden aufgrund der Hormonveränderungen in ihrem Körper ruhiger und träge. Allerdings ist dies nicht die Regel. Auch scheinträchtige Hündinnen können eine ähnliche Symptomatik zeigen, so daß eine derartige Veränderung nicht als zuverlässiges Zeichen einer Trächtigkeit gelten kann.

Ganz ungeduldige Gemüter, die so früh wie möglich Gewißheit haben möchten, ob ihre Hündin aufgenommen hat, haben seit einigen Jahren die Gelegenheit, dies durch eine Sonographie vom Tierarzt feststellen zu lassen. Ab der vierten Trächtigkeitswoche kann die Ultraschalluntersuchung durchgeführt werden. Sie kann aber zu diesem Zeitpunkt noch keine verbindliche Auskunft über die Anzahl der in der Gebärmutter befindlichen Feten geben.

Zwischen dem 26. und 28. Tag kann der erfahrene Züchter durch behutsames Tasten durch die Bauchdecke der Hündin die Follikel spüren. Danach ist dies dann nicht mehr möglich.

In der fünften Woche beginnt das Wachstum der Feten. Ab diesem Zeitpunkt zeigt sich auch eine zunächst nur leichte Wölbung des Bauches der Hündin. Mit dem kontinuierlichem Wachstum der Feten runden sich die Flanken der Hündin dann auch beträchtlich. Gleichzeitig schwellen auch die Milchleisten und Zitzen. Einige Hündinnen, besonders wenn sie einen starken Wurf erwarten, sondern bereits in den letzten Tagen der Trächtigkeit Milch ab. Ungefähr ab dem 46. Tag sind Welpenbewegungen durch die Bauchdecke zu fühlen. Später, wenn der Bauch praller wird, sind die Bewegungen der Feten auch optisch deutlich zu erkennen.

Man geht davon aus, daß die Welpen ab dem 56. der Trächtigkeit lebensfähig sind. Etwa zu diesem Zeitpunkt

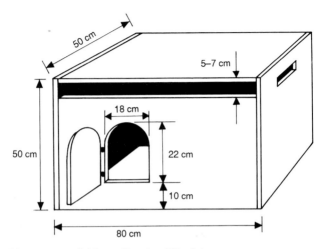

Abb. 15: Empfehlung für eine Wurfkiste

lassen sich die ersten Veränderungen bei der Hündin wahrnehmen. Die Senkwehen setzen ein. Äußerlich sind sie meist nur durch eine Veränderung des Bauches zu erkennen: Der Bauch hängt nun tiefer, die Flanken der Hündin fallen ein, sie zeigt wieder „Taille". Zu diesem Zeitpunkt wird dem Züchter auch ein klarer, zäher, schleimiger Ausfluß bei der Hündin auffallen. Drei Tage später etwa ist mit dem Wurf zu rechnen.

In den letzten zehn bis vierzehn Tagen wird der Züchter die Hündin mit ihrem Wurflager vertraut machen. Die meisten Hündinnen bevorzugen dafür – wie ihr Urahn, der Wolf – eine dunkle Höhle. Deshalb ist es günstig, eine Wurfkiste bereitzustellen. Sie muß groß genug sein, daß sich die Hündin darin bequem ausstrecken kann.

Ein Deckel bietet zum einen der Hündin Schutz von oben, zum anderen aber dem Züchter zugleich auch die Möglichkeit, durch Öffnen desselben im Bedarfsfall helfend eingreifen zu können. Genügend große Schlitze müssen eine ausreichende Belüftung der Wurfkiste gewährleisten, auch wenn die Welpen vor Zugluft geschützt bleiben sollen.

Die meisten Hündinnen nehmen dieses Wurflager schon in der Endphase der Trächtigkeit gerne an. So damals auch meine Daphne. Mit ihr begann mein Züchterdasein, und ich erinnere mich gerne an den ersten Wurf. Daphne war ein „Urvieh von einem Dackel", spannte mich gehörig auf die Folter, denn sie brachte ihre Welpen erst am 67. Tag zur Welt. Alles, was sie tat, schien eigenwillig, wich scheinbar vom glatten, bilderbuchmäßigen Verlauf ab und war instinktiv dann doch das Richtige. Sie lehrte mich, Geduld zu haben und dem tierischen Instinkt zu vertrauen.

Daphne bezog also bereitwillig die liebevoll gezimmerte Wurfkiste. Wenn sie im Haus war, suchte sie sie stets auf. Im Garten sah ich Daphne immer öfter in der üppigen Rhododendronhecke an der Garage verschwinden. Stundenlang konnte sie sich dort aufhalten, und häufig kam sie mit einer sehr sandigen Nase zurück ins Haus. Ansonsten blieb alles unverändert. Die Tierärztin versicherte mir am 65. Tag, daß alles in Ordnung sei, und endlich: am 66. Tag blieb Daphne in der Wurfkiste. Ich wachte den Tag, die Nacht, nichts geschah. In den Morgenstunden (ich war nun rechtschaffen müde!) wurde die Hündin sehr unruhig, die Wehen setzten ein, und sie wollte partout nicht mehr in der Wurfkiste bleiben. Immer wieder strebte sie in den Garten, und es kostete Mühe, sie zurück ins Haus zu locken. Selbst als der erste Welpe schon im Geburtskanal zu sehen war, versuchte sie nochmals, sich den Weg ins Freie zu bahnen. Dann allerdings, sobald der erste Welpe da war, ließ der Drang nach. Einige Tage später dann entdeckte ich des Rätsels Lösung. Daphne hatte sich unter dem an der Garagenwand gestapelten Kaminholz im Schutz der Hecke eine geräumige Höhle gegraben. Der Wolf im Dackel hatte sich durchgesetzt! – Ähnliches habe ich, wenn auch nicht mehr in gleicher Intensität, bei anderen Hündinnen noch öfter erlebt.

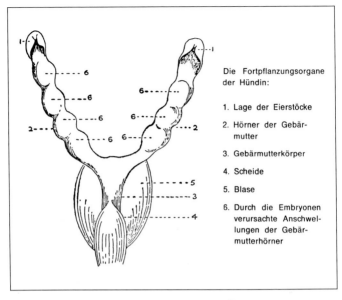

Abb. 16: Fortpflanzungsorgane der Hündin

Wurfakt

Aufgrund der Senkwehen kann sich der Züchter orientieren, wann mit dem Wurf zu rechnen ist.

Als weiteres eindeutiges Indiz für die bevorstehende Geburt ist ein Temperatursturz bei der Mutterhündin zu beobachten. Die Körpertemperatur des Hundes liegt normalerweise um die 38°C. Sinkt sie bei der Mutterhündin um etwa ein Grad, meist sogar auf Werte unter 37°C, ab, kann man gewiß sein, daß die Wehen innerhalb der folgenden vierundzwanzig Stunden einsetzen werden.

Das Verhalten der Hündinnen direkt vor dem Wurfakt kann sehr unterschiedlich sein. Viele Hündinnen zeigen –

wie die Wölfin ein großes Ruhebedürfnis und ziehen sich zurück. Andere hingegen sind von starker innerer Unruhe geplagt. Diese Hündinnen suchen dann, aus der Domestikation resultierend, intensiven Kontakt zu ihrem Besitzer. Diesen Beistand sollte man seinem treuen Gefährten auch unbedingt gewähren.

Die bevorstehende Geburt zeigt sich durch Hecheln und einsetzende Wehen an. Viele Hündinnen sind jetzt unruhig, scharren in der Wurfkiste und treten sich immer wieder ein Lager. Ich lege den Boden der Wurfkiste mit einigen Lagen Zeitungspapier aus (Zeitungspapier ist saugfähig und wegen seiner Festigkeit Zellstoff vorzuziehen), darüber kommen Baumwolltücher. Ein Napf mit frischem Wasser sollte jeder Zeit für die Hündin erreichbar sein.

Befindet sich die Hündin sowohl gesundheitlich als auch ernährungsmäßig in guter Konstitution, wird sie den Wurfakt ohne menschliche Hilfe bewältigen. Der Züchter sollte dennoch die Geburt mit wachsamen Augen beobachten, um bei eventuellen Komplikationen (zu lange Zeitabstände zwischen den Welpen, Wehenschwäche o. ä.) eingreifen oder rechtzeitig einen Tierarzt herbeirufen zu können.

Im Normalfall wird die Hündin jeden Welpen mit einigen kräftigen Wehen zur Welt bringen. Der Welpe befindet sich mit der Plazenta in einer Eihülle, die von der Hündin aufgebissen wird. Zwischen den Molaren zerreibt sie die Nabelschnur, frißt die Eihülle samt Plazenta und beginnt dann den Welpen sorgsam trockenzulecken. Die massierenden Bewegungen der Zunge stimulieren zugleich die Atmung des Welpen.

Die Welpen kommen in unterschiedlichen Abständen zur Welt. Häufig werden zwei Welpen relativ kurz nacheinander geboren, während dann wieder eine längere Pause eintritt. Die Ursache dafür liegt in der Anatomie der Gebärmutter, die die Form eines „Y" hat. Zwei Gebärmutterhörner, in denen die Feten reifen, münden ein in den Gebärmutterkörper, der in die Scheide übergeht. So kann es sich ergeben, daß Feten aus je einem der Gebärmutterhörner in dichter Abfolge nacheinander in den Gebärmutterkörper gelangen, woraus ein kurzer Abstand zwischen den Geburten der Welpen resultiert. Die weiteren Feten müssen dann durch die Kontraktionen der Gebärmutter langsam weiter in Richtung Gebärmutterkörper getrieben werden; folglich gibt es auch ein längeres Intervall zwischen den Geburten.

Ich möchte die Gelegenheit nutzen, um einen weitverbreiteten Irrtum auszuräumen. Die Aussagen „Der erstgeborene Welpe ist immer am stärksten und kräftigsten!" und „Der zuletzt geborene Welpe ist der kleinste und schwächste!" sind nicht zutreffend. Die Feten sind willkürlich in den Gebärmutterhörnern verteilt; die Anatomie des Organs bedingt, daß der jeweils nächstliegende Welpe in Folge geboren wird. Der zuerst gewölfte Welpe *kann* der kräftigste sein, der stärkste *kann* aber auch als *letzter* zur Welt kommen! Der Aspekt der Reihenfolge bei der Geburt sollte also kein Entscheidungskriterium bei der Wahl des Hundes sein!

Der gesamte Geburtsakt erstreckt sich über mehrere Stunden. Im Durchschnitt kann man alle 30 bis 40 Minuten mit der Geburt eines Welpen rechnen. Die Dauer des Geburtsvorganges allein gibt keine Auskunft über die Beanspruchung der Mutterhündin. Eine Hündin, die ihre Welpen binnen einer kurzen Zeitspanne wölft, ist auch zwangsläufig stärker den Wehen ausgesetzt, während eine Hündin, deren Welpen in größeren Intervallen geboren werden, immer wieder Ruhephasen hat. Werden die Abstände zwischen den Welpen zu lang, ist es wichtig, der Hündin Bewegung zu verschaffen. Freiwillig wird eine Mutterhündin jedoch nicht die Wurfkiste verlassen. Bringen Sie sie aber dennoch hinaus, denn Bewegung ist dem Fortgang der Geburt äußerst dienlich. Die Welpen müssen während der Abwesenheit der Hündin warmgehalten werden.

Abb. 17: Mutterhündin mit Welpen

Oftmals herrscht beim Züchter Unsicherheit, ob schließlich alle Welpen geboren wurden oder vielleicht doch noch Nachzügler kommen. Durch die ständigen Kontraktionen ist die Gebärmutter sehr verhärtet. Deshalb läßt sich gegen Ende der Geburt auch beim Durchtasten des Bauchraumes keine sichere Prognose mehr stellen. Ich habe es mir angewöhnt, mir mit Hilfe einer Gewichtskontrolle der Hündin einen ungefähren Überblick über die zu erwartende Welpenzahl zu verschaffen. Nach meinen Erfahrungen nimmt eine Hündin während der Trächtigkeit etwa ein Pfund pro Welpe zu (Welpengeburtsgewicht zuzüglich Plazenta und Fruchtwasser). Meinen Beobachtungen zufolge schwankte dieser Wert auch bei differierenden Geburtsgewichten der Welpen nicht, so daß ich diesen Hinweis gerne weiterempfehlen möchte. Voraussetzung ist allerdings, daß sich die Hündin in gleichbleibender körperlicher Konstitution befindet und nicht nur während der Trächtigkeit dick gefüttert wurde!

Sind alle Welpen geboren, stellt sich dem Betrachter ein äußerst friedliches und harmonisches Bild: Die Hündin liegt mit ihrem Wurf in der Wurfkiste, die Welpen drängen an die Zitzen und bleiben ständig in Kontakt mit dem wärmenden Körper der Mutter.

Aufzucht des Wurfes

Jeder Züchter spürt eine gewisse Spannung in sich, wenn der Wurftermin naht. Das Wissen darum, daß es sich beim Teckel um eine sehr robuste Rasse handelt, bei der die Hündinnen auf natürlichem Wege ohne menschliches Eingreifen werfen, hilft im individuellen Fall nur bedingt. Die Sorge und Verantwortung für die Hündin wiegt schwer. Erleichterung stellt sich ein, sobald die Mutterhündin nach einem komplikationslosen Wurfakt mit ihren Welpen zufrieden in der Wurfkiste liegt.

Pflege der Mutterhündin

In den nächsten Wochen wird sich die Hündin allein um ihren Nachwuchs kümmern. Die Aufmerksamkeit des Züchters sollte sich daher insbesondere auf die Hündin konzentrieren.

Ähnlich wie in der Trächtigkeit hat die Hündin auch während der Phase der Laktation einen erhöhten Nährstoffbedarf. Sie benötigt weiterhin vor allem hochwertige Nahrung, die ihr in mehreren kleinen Mahlzeiten über den Tag verteilt gereicht wird. So wird ihr Organismus am wenigsten belastet. Auch ist der Calciumbedarf gestiegen. Er läßt sich am besten durch die Gabe reinen Calciums decken. Ich gebe den Hündinnen Calciumcitrat.

Der Züchter wird auch täglich das Gesäuge der Hündin kontrollieren. Ist es verhärtet, können die Welpen Schwierigkeiten beim Saugen bekommen und für die Hündin besteht die Gefahr der Mastitis. Verhärtete Stellen im Gesäuge lassen sich meist durch vorsichtiges Massieren beseitigen, der Milchfluß kommt wieder in Gang. Ist das Gesäuge bereits gerötet und heiß, die Hündin hat dann zumeist auch schon Fieber, muß ein Tierarzt hinzugezogen werden. Durch regelmäßiges Beobachten lassen sich derartige Komplikationen aber vermeiden.

Bei guter Kondition kann eine Hündin ihren Wurf ohne weiteres die ersten drei Wochen ganz allein ernähren. Dies ist allerdings auch von der Anzahl der Welpen abhängig. Teckel gehören zur Gruppe der chondrodystrophen Rassen, d. h. es handelt sich beim Teckel eigentlich um einen „großen" Hund, dessen Kleinwüchsigkeit nur durch die unproportionale Verkürzung der Gliedmaßen erreicht wurde. Alle anderen Kriterien sind die eines großen Hundes geblieben. Das zeigt sich auch in der Reproduktionsrate. Dachshunde haben, gemessen an ihrer Körpergröße, starke Würfe, durchschnittlich fünf, sechs Welpen. In einigen Blutslinien sind auch Würfe mit bis zu zehn Welpen keine Seltenheit.

Das Tierschutzgesetz verbietet das Töten eines Tieres ohne vernünftigen Grund. Demgemäß müssen alle gewölften Welpen eines Wurfes aufgezogen werden. Das Töten von Welpen direkt nach der Geburt war selbst aus rein züchterischen Überlegungen heraus äußerst fragwürdig, da eine Selektion nur willkürlich getroffen werden konnte. Heute obliegt es dem Züchter, sich gegebenenfalls bei einem starken Wurf zur Entlastung der Mutterhündin nach einer Amme für die Welpen umzutun. Meiner Erfahrung nach ist die Natur jedoch sehr umsichtig. Hündinnen, die sehr starke Würfe bringen, sind von ihrer Konstitution her sehr robust und auch in der Lage, eine große Anzahl von Welpen eigenständig aufzuziehen. Der Züchter sollte aber immer sorgsame Aufmerksamkeit walten lassen.

Aufzucht der Welpen

Nach der Geburt suchen die Welpen den ständigen Kontakt zum wärmenden Körper der Mutter, und sie drängen an die Zitzen. Die Aufgaben des Züchters beschränken sich jetzt auf eine kurze, aber gründliche Untersuchung der Welpen, zu der auch eine Gewichtskontrolle gehören sollte. Dann läßt sich der Entwicklungsprozeß der Welpen am besten einschätzen. Als Faustregel gilt, daß die Welpen nach einer Woche ihr Geburtsgewicht verdoppelt haben sollten.

Mit Beginn der dritten Lebenswoche müssen die Welpen erstmals entwurmt werden. Durch die Trächtigkeit und die Laktation sind Spulwurmlarven, die in der Muskulatur der Mutterhündin abgekapselt waren, freigesetzt worden und in die Körper der Welpen gelangt. Hier entwickeln sie sich zu Würmern, die nach drei Wochen ihre Geschlechtsreife erlangen und fortan Eier legen. Um diesen Prozeß frühzeitig zu unterbinden, ist eine erste Entwurmung in der dritten Lebenswoche der Welpen (also noch vor der Geschlechtsreife der Würmer) von eminenter Bedeutung. Die Wurmkuren müssen bis zur Abgabe der Welpen an die neuen Besitzer wöchentlich wiederholt werden. Auch die Mutterhündin wird in den gleichen Intervallen entwurmt. Da sie den Kot der Welpen aufnimmt, bestünde sonst die Gefahr der Reinfizierung.

Ab der vierten Woche beginnt die arbeitsintensive Zeit des Züchters. Jetzt müssen die Welpen zugefüttert werden. Jeder Züchter wird seine eigenen Rezepte entwickelt haben. Die Industrie fertigt unterschiedliche Milchpräparate für Welpen. Da ich bislang immer in der glücklichen Situation war, daß meine Hündinnen ausgiebig und lange gesäugt haben, habe ich von der Gabe dieser Milchpräparate Abstand genommen, zumal die Welpen dadurch häufig Verdauungsprobleme bekamen. Ich beginne mit der Zufütterung von schierem, durchgedrehtem Rindfleisch, das ich mit etwas warmem Wasser glattrühre. Das wird von den Welpen bestens vertragen. Nach drei Tagen mische ich Schmelzflocken oder Reisschleim unter das Fleisch. Nach weiteren drei Tagen erweitere ich die Nahrungspalette und gehe dazu über, das Fleisch erst fein, dann grob gewürfelt zu verfüttern.

Es ist wichtig, die Welpen an unterschiedliche Futtermittel zu gewöhnen, da bereits jetzt die Freßgewohnheiten für das ganze weitere Leben geprägt werden. Wenn ich die Welpen an ihren neuen Besitzer abgebe, haben die Welpen bereits Muskelfleisch und Innereien (Herz und Magen) vom Rind, von Geflügel, von Wild, Konserven- und Trockennahrung kennengelernt, sie haben Eier, Gemüse, Reis und Getreideprodukte zu fressen bekommen, Calcium stets beigemengt. Natürlich entwickeln auch schon die Welpen bestimmte Vorlieben für das eine oder andere Futter, und sie werden mehr oder weniger intensiv versuchen, in ihrem neuen Zuhause ihre Lieblingsspeisen einzufordern, indem sie Anderes im Napf einfach zurücklassen. Denn nun ist (fast) jeder ein „Einzelhund", und der Futterneid entfällt!

Als nächster wichtiger Schritt stehen dann die Schutzimpfungen an. In der achten Lebenswoche sollte eine Grundimmunisierung gegen Staupe, Hepatitis, Leptospirose und Parvovirose erfolgen. Solange die Welpen ausgiebig gesäugt werden, profitieren sie von der Immunisierung der Mutter, haben maternale Immunstoffe im Blut. Daher sollte die erste Schutzimpfung auch nicht zu früh erfolgen. Mit fortschreitendem Alter schwinden die mütterlichen Abwehrstoffe immer mehr. Um einen vollständigen Immunschutz zu erreichen, muß die Impfung zwischen der 14. und 16. Lebenswoche wiederholt werden.

Sind die Welpen geimpft, kann der Wurf vom Zuchtwart abgenommen werden. Er begutachtet zunächst die Unterbringung der Hunde, den Zustand der Mutterhündin und kontrolliert die Papiere. Dann wird jeder einzelne Welpe auf Ernährungszustand und mögliche Fehler unter-

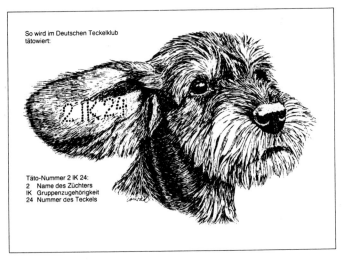

Abb. 18: Tätowierung

sucht. Liegt der Impfnachweis vor, werden die Welpen im rechten Behang tätowiert. Die Täto-Nummer wird im Impfpaß eingetragen und erscheint später auch auf der Ahnentafel. Ein Austausch der Welpen ist nun unmöglich. Geht der Hund einmal verloren, kann er anhand der Täto-Nummer identifiziert werden.

Entwicklung des Welpen zum erwachsenen Hund

Obwohl von der äußeren Erscheinung her eine Ähnlichkeit kaum mehr erkennbar ist, so stammt doch auch der Teckel ursprünglich vom Wolf ab. In seinen Verhaltensmustern wird die Verwandtschaft zum Wolf – wenn auch durch die Domestikation mehr oder weniger stark modifiziert – deutlich.

Der Wolf lebt im Rudel. Diese Sozialisationsform setzt eine strenge Gesetzmäßigkeit im Verhalten und Zusammenleben voraus. Die Ordnung innerhalb eines Rudels kann nur gewährleistet werden, wenn bereits die Welpen über angeborene Verhaltensmuster verfügen, die ihnen eine entsprechende Sozialisierung ermöglichen. Dazu gehört auch die Lernbereitschaft, auf bestimmte Aktionen und Reaktionen der Elterntiere Verhaltensweisen zu entwickeln, die die Welpen zu vollwertigen Rudelgenossen werden lassen. Angewölfte Verhaltensmuster werden durch Lerneffekte den Umweltbedingungen angepaßt.

Wolfswelpen verfügen über ein festes Raster, durch das determiniert wird, zu welchem Zeitpunkt bestimmte Verhaltensmuster und Lernbereitschaften vorhanden sind. Wolfseltern wissen instinktiv, wann entsprechende Erziehungsschritte zu erfolgen haben. Denn nur, wenn die Lernbereitschaft der Welpen und der Erziehungswille der Elterntiere richtig koordiniert sind, kann es zu einer Verständigung zwischen Lernenden und Lehrenden und damit zu einem Erziehungserfolg kommen. Das Erreichen des Lernziels ist für den Wolfswelpen zum Bestehen im Rudel absolut lebensnotwendig. Denn nur im Sozialverband ist ein gesichertes Beutemachen garantiert. Das Spiel der jungen Wölfe ist daher von Anfang an zweckbestimmt, auf das Zusammenspiel untereinander ausgerichtet, und unterscheidet sich hierin stark von dem einer anderen Art aus der Familie der Caniden (Hundeartigen): der Füchse. Füchse leben einzeln und gehen auch allein auf Beutefang. Bereits im Herbst ihres ersten Lebensjahres, mit etwa sieben Monaten, verlassen Jungfüchse den Familienverband. Ihr Spiel untereinander ist daher von Geburt an, auf die frühzeitige Selbständigkeit zielend, angelegt.

Ein entsprechendes Prägungsschema liegt ebenso beim Hund vor.

Auch unser Teckel verfügt über Verhaltensmuster und Lernbereitschaften, die ihm von Geburt an ein Überleben erst ermöglichen, und Hundeeltern stellen ihre Erziehungsmaßnahmen genau auf diesen festgelegten Modus ab, wobei heute der Vaterrüde selten genug seinen Part bei der Aufzucht der Welpen übernehmen kann.

Nun bleibt der Teckel allerdings nicht Zeit seines Lebens im Hunderudel. Der Mensch übernimmt die Funktion des „Leithundes", und so muß es die Aufgabe des Menschen sein, sich möglichst umfassende Kenntnisse über die Verhaltensweisen des Welpen und Junghundes anzueignen, damit die menschlichen Erziehungsmaßnahmen mit der Lernbereitschaft des Hundes übereinstimmen. Was unter Artgenossen instinktiv abläuft, muß im Zusammenspiel Mensch–Hund erlernt werden.

Hunde als Nachfahren des Wolfes sind Tiere mit hoch entwickeltem Verhalten und stark ausgeprägtem Kommunikationsvermögen. Zwar haben sich durch den Prozeß der Domestikation verschiedene Verhaltensmechanismen modifiziert, die Grundstruktur der sozialen Organisation ist jedoch erhalten geblieben. Der Hund benötigt den Sozialverbund mit den Rudelgefährten, dem Menschen, nicht nur weil dieser die Futterbeschaffung für ihn übernommen hat, sondern weil sein Wesen auf ein Miteinander genetisch determiniert ist. Daraus erklärt sich auch, warum ein Hund bei längerfristiger Abwesenheit des Menschen (als Ersatz-Rudelmitglied) leidet und eine ausschließliche Zwingerhaltung abzulehnen ist. Nicht ohne

Grund wird „der einsame Wolf" in unseren Metaphern als ein bedauernswertes Geschöpf empfunden, weil er vom Rudel isoliert leben muß.

Im Folgenden werde ich die wichtigsten Entwicklungsphasen auf dem Weg des Welpen über den Junghund zum erwachsenen Hund skizzieren. Meine Intention dabei beschränkt sich nicht nur auf die pure Vermittlung von Kenntnissen, sondern ich hoffe auch, Neugier bei Ihnen zu erwecken: Neugier, Ihren Teckel nun auch unter diesen Aspekten zu beobachten. Mit einem Mal wird Ihnen nämlich bewußt werden, daß sich hinter einer übermütigen Balgerei des Welpen, einem kämpferischen Spiel mit dem Menschen, das auch schon einmal grober ausfallen kann, ein übergeordnetes System steckt. Dieses genetisch determinierte Verhalten des Hundes sollte der Mensch in jeder Lebensphase berücksichtigen und gegebenenfalls auch nutzen.

Geburt

Teckel gehören, wie bereits ausgeführt, zu den Rassen mit einem gesunden und intakten Gebärvermögen. Damit haben die Welpen bereits bei der Geburt ein nicht zu unterschätzendes Startkapital mit auf den Lebensweg bekommen.

Die selbständige Gebärfähigkeit sowie der Vollständigkeitsgrad des Brutpflegeverhaltens einer Hündin ist für den physischen und psychischen Fortbestand einer Rasse von eminenter Bedeutung: Gebärvermögen und Brutpflegeverhalten sind lebens- und arterhaltend. Beides ist angeboren und somit nicht erlernbar. Die Hündin verfügt über ein vorgegebenes Verhaltensschema, sie handelt instinktiv, den Bedürfnissen der Welpen entsprechend.

Vor vielen Jahren hatte ich die Gelegenheit, dieses Phänomen auf sehr eindrucksvolle Art zu beobachten. Ich besaß damals zwei Hündinnen. Lütte, die Rangniedere, hatte einen Wurf, während Daphne, die zeitversetzt heiß geworden war, nicht gedeckt wurde. Möglicherweise stimuliert durch die Welpen, wurde Daphne scheinträchtig. Genau zum Zeitpunkt ihres vermeintlichen Wurftermins bezog sie Quartier in der Zwingerhütte bei den nun schon sieben Wochen alten Welpen der anderen Hündin und begann Brutpflege wie bei gerade gewölften: Sie leckte die Bäuche, versuchte durch Nasestupsen die Welpen in ihre Nähe und an das Gesäuge zu bekommen und winselte entsprechend, weil das natürlich nicht glückte. Die Welpen waren längst behende und selbständig, suchten die Zwingerhütte nur noch zu den Schlafphasen auf. Das Verhalten der Hündin, die aufgrund der Scheinträchtigkeit sich wie ein Muttertier kurz nach der Geburt benahm, korrespondierte nicht mit dem Entwicklungsstand der Welpen: Sie sprachen gewissermaßen unterschiedliche Sprachen.

Da Gebärvermögen und Brutpflegeverhalten angeborene Merkmale sind, die durch die Domestikation leicht einem negativen Einfluß unterworfen werden, muß ihnen bei der Zucht ein hoher Stellenwert eingeräumt werden, ganz besonders dann, wenn von einem Hund wie dem Teckel im späteren Leben eine Leistung erbracht werden soll. Bei einer Hündin, die ihren Wurf mit sicherem Instinkt aufzieht, kann man von einer ererbten Wesensgesundheit ausgehen. Dies wiederum ist die Grundvoraussetzung für die physische und psychische Leistungsfähigkeit ihres Nachwuchses, zum Beispiel im Jagdbetrieb.

Vegetative Phase
(1. und 2. Woche)

Bei der Geburt des Welpen sind Augen und Ohren noch verschlossen, d. h. er ist blind und taub. Sein einziges Sinnen und Trachten zielt auf Nahrungsaufnahme und Wärmeerhalt. Dazu bringt der Welpe zwei angeborene Eigenschaften mit sich, eine die ihn selbst aktiv werden läßt, die andere, die einsetzt und Wirkung zeigt, wenn er sich selbst nicht mehr helfen kann: eine ganz bestimmte Bewegungsweise und Lautäußerungen.

Die Lautäußerungen signalisieren ein gewisses Unwohlsein, das Ausdruck seines Hungergefühls oder Wärmebedürfnisses ist. In den meisten Fällen wird sich der Welpe mit Hilfe des angeborenen Bewegungssinns selbst Abhilfe schaffen können. Gelingt dies nicht, alarmiert die Intensität der Lautäußerung die Mutterhündin, die dann den Welpen wieder in ihre Nähe bringen wird.

Der noch blinde Welpe bewegt sich in kleinen kreisenden Bewegungen kriechend vorwärts. Dabei pendelt sein Kopf, den er, obwohl im Verhältnis zum Körper überdimensional groß, ohne weiteres anheben kann. Die Pendelbewegung hilft ihm, Widerstände frühzeitig wahrzunehmen. Durch die kreisförmigen Bewegungen ist gesichert, daß sich der Welpe nicht unbotmäßig weit vom Lager entfernen kann. Bedenkt man, daß sich Wölfinnen zum Werfen eine flache, runde Höhle anlegen, wird der Sinn der kreisenden Fortbewegung des Welpen richtig deutlich.

Das hauptsächliche Sinnen und Trachten des Welpen gilt der Nahrungsaufnahme. Dabei ist eine stupsende Bewegung des Kopfes zu beobachten, mit der er unter dem Fell die Zitze der Mutter sucht. Auch die Form der Zitze, zapfenförmig und unbehaart, ist bereits in dem angeborenen Raster verankert. Hungrige Welpen werden zwar in einer Art Übersprunghandlung kurzfristig einen dargebotenen Finger ansaugen, jedoch nicht mehr, wenn sie bereits an der milchspendenden Zitze waren. Bei der Nahrungsaufnahme fallen noch zwei weitere angewölfte Handlungsweisen auf: zum einen stemmt sich der Welpe mit den Hinterläufen auf der Unterlage ab, um dicht an der Milchleiste zu bleiben, zum anderen sind die rhythmischen Kopfbewegungen sowie das Stoßen eines Vorderlaufes gegen das Gesäuge, der Milchtritt, mit dem der Milchfluß stimuliert wird, auffällig.

Abb. 19: Nestwärme

Ansonsten ist der Welpe vom intakten Brutpflegeverhalten der Mutterhündin abhängig, denn er kann weder Kot noch Urin eigenständig absetzen. Dies wird durch die massierenden Leckbewegungen der Hündin ausgelöst, die dann auch gleich alle Ausscheidungen aufnimmt.

Die Grundbedürfnisse der ersten zwei Wochen des Welpen konzentrieren sich auf die Nahrungsaufnahme und das Schlafen. Hinter diesen angeborenen Mechanismen verbirgt sich jedoch bereits ein erstes Lernschema, denn Verhalten ist nicht per se nur angeboren, sondern unterliegt von Anfang an Umwelteinflüssen. Hinter dem System des Hunger Verspürens und der Sättigung steckt ein prägendes Lernschema: Nur Anstrengung führt zum Erfolg! Dem inneren Antrieb „Hunger" folgt der anstrengende Weg zur Zitze, und erst dann wird Befriedigung erzielt. Der Welpe erfährt also bereits jetzt das für die weitere Verhaltens- und Gefühlsentwicklung absolut notwendige Grundschema für jeden weiteren Lernprozeß.

Damit wird deutlich, wie fatal sich zu frühes menschliches Eingreifen auswirken kann. Fällt eine Mutterhündin durch einen Unglücksfall aus, ist die Aufzucht durch eine Amme allemal der menschlichen vorzuziehen. Der Mensch mit seinem häufig gerade dann überzogenen Versorgungsdenken durchbricht zu leicht dieses Lernschema „Durch Anstrengung zum Erfolg" und löst damit Störungen in der gesunden Verhaltensentwicklung aus.

Zu den Grundbedürfnissen des Welpen gehört auch das Beibehalten eines bestimmten Temperaturpegels, das durch das Kontaktliegen mit der Mutterhündin und den Geschwistern erreicht wird. Diese „Nestwärme" ist einerseits für den Welpen eine physische Notwendigkeit, gibt ihm aber andererseits ein psychisches Gefühl der Behaglichkeit, denn ihm wird dadurch signalisiert, daß hier sein Lebensmittelpunkt, sein Lager, seine Stätte der Sicherheit ist. Entfernt er sich aus diesem Wärmepool, setzen sofort Mechanismen ein, die ihn die sichere Lagerstatt wieder suchen lassen. Installiert nun der Mensch – natürlich in gut gemeinter Absicht – eine Rotlichtlampe über der Wurfkiste, durchbricht er das System. Jetzt ist es überall angenehm warm, und der Welpe braucht sich keiner Anstrengung zu unterziehen, um Wohlempfinden zu erlangen. Das grundlegende Lernschema ist aufgehoben.

Hier wird die Wichtigkeit der genauen Beobachtung der Welpen durch den Züchter bereits in diesem frühen Stadium deutlich. Von Bedeutung ist nicht so sehr die physische Konstitution des einzelnen Welpen (Welcher ist der Dickste und Kräftigste? Diese Unterschiede können sich noch alle ausgleichen!), entscheidend ist der Lebenswille, mit welcher Energie ein Welpe zum Gesäuge drängt, sich nicht aufhalten läßt, auch Hindernisse überwindet. Dies ist eine grundlegende angewölfte Eigenschaft, die durch keinerlei Maßnahmen später mehr erlernbar ist.

Übergangsphase
(3. Woche)

Während die ersten zwei Lebenswochen des Welpen durch die vollständig selbstbezogenen Saug- und Schlafphasen gekennzeichnet sind, beginnt nun die Wahrnehmung der Umwelt.

Etwa zwischen dem 13. und 15. Tag öffnen sich die Augenspalten. Zunächst kann der Welpe noch nicht gut sehen, nur hell und dunkel unterscheiden. Jetzt kann man beobachten, daß Welpen, wenn man sich über die Wurfkiste beugt, schreckhaft reagieren. Sie nehmen den Menschen nur als großen Schatten wahr, der für sie plötzlich erscheint. Diese Reaktion deutet keineswegs auf einen Wesensmangel hin, sondern resultiert ausschließlich aus der noch unzureichenden Sehleistung. Nur ein bis zwei Tage später ist diese Phase bereits überwunden. Gleichzeitig öffnet sich der äußere Gehörgang, und der Welpe nimmt seine Umgebung nun auch akustisch wahr.

Der Kontakt, der bislang zwischen den Welpen bestand, diente der Sicherung des eigenen Überlebens. Das Kontaktliegen garantierte die notwendige Wärme und gewährleistete zugleich, von der Mutter bemerkt und versorgt zu werden. Jetzt beginnt das bewußte Wahrnehmen der Geschwister, der erste Schritt zu einem sozialen Verhältnis. Die Welpen „begreifen" sich gegenseitig, indem sie Pfoten, Ruten, Behänge in den Fang nehmen und auch bereits mit dem Belecken der Schnauze beginnen.

Jetzt hält sich die Mutterhündin nicht mehr ständig bei den Welpen auf. Die Intervalle zwischen den Saugphasen sind größer geworden, auch die Verdauung funktioniert nun ohne die massierenden Leckbewegungen der Hündin. Erscheint die Mutter am Lager, wird sie von den Welpen jetzt bereits schwanzwedelnd begrüßt. Verläßt sie das Lager wieder, versuchen die Welpen, ihr nachzugehen. Denn nun können sie ihren Körper vom Untergrund abstemmen. Die dritte Lebenswoche kennzeichnet also auch im

Bereich der Motorik mit der Entwicklung von der kriechenden zur laufenden Fortbewegung eine Übergangsphase.

Die Riechleistung ist gleichfalls schon gut ausgeprägt. Saugwelpen dieses Alters, die außer Muttermilch keine Nahrung kennen, peilen, mit erhobenen Nasen witternd, zielstrebig den Futternapf der Mutter an. Sie erkennen die Witterung des Fleisches instinktiv als eine für sie interessante und streben der höchsten Intensität des Geruches nach.

Die Übergangsphase ist also gekennzeichnet von der Ausprägung aller Sinnesleistungen des Hundes sowie der Entwicklung von motorischen Fähigkeiten, die es dem Welpen ermöglichen, seine direkte Umgebung, die sich auf das sichere Lager beschränkt, in allen Einzelheiten bewußt zu erkunden.

Prägungsphase
(4. bis 7. Woche)

Im nun folgenden Lebensabschnitt gewinnt der Welpe an Selbständigkeit. Im Mittelpunkt stehen Erkunden, Neugierverhalten, Spielen und Nachahmen. Sein Aktionsradius wird größer, und damit wird sein Leben zunehmend durch Umwelteinflüsse bestimmt. Dieses Entwicklungsstadium ist von besonderer Bedeutung, denn erstmals erhält der Mensch die Chance, im Ensemble der Prägungsmuster einen festen Platz einzunehmen. Es ist daher ein Gebot verantwortungsbewußter züchterischer Arbeit, diese Phase nicht ungenutzt verstreichen zu lassen. Denn auch jetzt ist die vorprogrammierte Lernbereitschafte zeitlich begrenzt: Das, was in dieser Zeit nicht gelernt wird, kann nie mehr nachgeholt werden. Jetzt Versäumtes läßt sich später, wenn überhaupt, nur sehr mühsam ausgleichen. Auf diesen Aspekt werde ich später noch ausführlicher eingehen.

Bei meinen Beschreibungen gehe ich von einer „intakten" Hundefamilie aus, in der Mutterhündin und Vaterrüde sich gemeinsam um den Wurf kümmern; auch wenn dieser Fall in der Hundezucht eher die Ausnahme ist. Ich möchte jedoch die Gelegenheit nutzen, alle Züchter, die auch den Vaterrüden halten, ausdrücklich zu ermutigen, diesem Tier die Möglichkeit zu geben, sich an der Aufzucht des Wurfes analog den Gesetzen der Natur zu beteiligen. Denn dem Rüden kommen ganz bestimmte Funktionen zu, durch die der Nachwuchs auf ein soziales Miteinander geprägt wird. Die Interaktionen zwischen dem Rüden und den Welpen zeigen deutlich die Wechselwirkungen von angewölften Erbkoordinationen, Umwelteinflüssen und Lernprozessen auf.

Mit der rasch voranschreitenden Entwicklung des Gebisses der Welpen erfolgt die „Abnabelung" von der Mutterhündin. Die Welpen saugen zwar noch, aber immer öfter werden sie von der Hündin knurrend vom Gesäuge vertrieben, wenn die nadelspitzen Milchzähne zu sehr an den Zitzen schmerzen. Jetzt setzt die Zufütterung ein, die in einigen Fällen noch von der Hündin vorgenommen wird. Sie würgt den Welpen einen Brei vorverdauter Nahrung vor, den der Nachwuchs begierig aufnimmt. Die Jungen lernen so das Maul der Mutter als ein für sie besonderes Ziel des Interesses kennen: Durch Stupsen mit der Nase wird der Reflex zum Vorwürgen weiteren Futterbreis ausgelöst. Diese wichtige Erfahrung prägt bei den Welpen ein Verhaltensmuster für das ganze Leben. Denn fortan werden die Elterntiere mit dieser bettelnden Geste am Lager empfangen, die sich später beim heranwachsenden Hund als ein eigenständiges Zuneigungs- und Begrüßungsritual entwickelt. Auch der Rüde beteiligt sich an der Futterbeschaffung.

An diesem Beispiel läßt sich das Überlappen von Lerneffekten und angeborenen Verhaltensschemata aufzeigen. Domestikationsbedingt, haben viele Hündinnen den Reflex des Futtervorwürgens verloren. Dennoch üben die

Welpen die Gebärde des Mundwinkelstupsens aus. Es handelt sich hierbei also um einen angeborenen Schlüsselreiz, der Teil der natürlichen Überlebensstrategie ist und weiterhin, wie erwähnt, eine wichtige soziale Funktion für das Leben im Rudel darstellt.

Indem im Zuchtgeschehen hauptsächlich dem Menschen die Aufgabe der Fütterung zukommt, trägt er die Verantwortung für die Futtergewohnheiten des Welpen für sein späteres Leben. Lernt der Hund in diesem Lebensabschnitt beispielsweise kein rohes Fleisch kennen, wird es ihm später nur noch schwer schmackhaft gemacht werden können. Es ist wünschenswert, daß Züchter den Welpen ein möglichst breit gefächertes Angebot von Nahrung anbieten, das sowohl Frischfleisch wie auch Dosennahrung oder Trockenfutter beinhaltet, da der Hund dann später in jeder Situation (z. B. auch auf Reisen) problemlos gefüttert werden kann.

Sobald die Zufütterung der Welpen – unabhängig davon, ob durch die Elterntiere oder durch Menschenhand – beginnt, nimmt die Hündin die Exkremente der Jungen nicht mehr auf. Die Welpen sind nun aber auch schon fähig, das Lager zu verlassen. Es ist erstaunlich, wie intensiv die Welpen bemüht sind, ihr Lager nicht zu verunreinigen. Sobald es ihre Motorik erlaubt, streben sie so weit wie möglich vom Lager weg, um sich zu lösen. Diesen frühzeitigen Trieb kann der Züchter ausnutzen, um dem späteren Besitzer des Welpen die Erziehung zur Stubenreinheit zu erleichtern, indem er den Bereich um das Lager mit Zeitungspapier auslegt. Die Welpen lernen diesen Untergrund als Platz, auf dem sie ihre Notdurft verrichten können, kennen, noch bevor sie es schaffen, sich draußen zu lösen. Im neuen Zuhause kann dann eine Lage Zeitungspapier in der Gegend des Ausgangs dem jungen Hund sehr hilfreich sein, dem Menschen sein Bedürfnis zu vermitteln.

Mit der Mobilitätssteigerung der Welpen geht auch eine Erweiterung des Wahrnehmungshorizontes einher. Von

Neugier getrieben, begeben sich die Welpen in immer größere Entfernungen zum sicheren Lager. Die erste Begegnung mit Neuem findet meist noch etwas zaghaft statt: Der erste Kontakt mit Erde beispielsweise erfolgt durch intensives Beschnuppern des Bodens; wenige Momente danach bewegen sich die Welpen ganz selbstverständlich darauf. Fällt die Begegnung mit Schnee in diesen Entwicklungsabschnitt des Hundes, wird dieses ungewohnte, naßkalte Medium umgehend akzeptiert, während beim schon älteren Hund der Gewöhnungsprozeß länger dauert. Die Kontaktaufnahme mit unbekannten Gegenständen erfolgt ähnlich wie das bewußte Wahrnehmen der Wurfgeschwister in der dritten Lebenswoche durch Beknabbern und Durchkauen des Neuartigen. Diese Entwicklungsstufe ist vergleichbar mit der oralen Phase des Kleinkindes, das im ersten Lebensjahr alles in den Mund steckt. Neue Eindrücke werden jetzt sehr schnell in den Erfahrungsschatz integriert.

Die Hündin, die sich der ausschließlichen Betreuung des Wurfes während der ersten Wochen gewidmet hat, zieht sich nun zurück, und der Rüde übernimmt die gelegentlich rauhen Spiele mit dem Nachwuchs. In diesem Stadium genießen die Welpen weitestgehend Narrenfreiheit. Ganz junge Welpen kennen noch keine Beißhemmung. Im Zuge von Angriffs- und Kampfspielen lernen sie allmählich die Beißintensität zu kontrollieren. Der Rüde setzt den Welpen Grenzen und übt zugleich Beschwichtigungsrituale mit ihnen wie das „Pfötchenheben", das sich aus dem Milchtritt herleitet und zugleich auch Aufforderungscharakter zum Spiel hat, die Ergebenheitsgeste, sich auf den Rücken zu werfen, und das Angstschreien. Dies alles sind Mechanismen, die ein im Sozialverband lebender Canide beherrschen muß.

Wie bereits erwähnt, setzt die bewußte Wahrnehmung der Artgenossen in der Übergangsphase durch oralen Kontakt ein und wird in den folgenden Wochen intensiviert. Die zunächst instinktmäßige Akzeptanz der Wurfgeschwister in der vegetativen Phase wird durch den Lernprozeß der Kontaktaufnahme erweitert. Wie die Einbindung der Artgenossen muß dieser Mechanismus nun auf den Menschen erweitert werden, da dieser fortan Bestandteil des künftigen Sozialverbandes des Hundes sein wird. Dies ist ein wichtiger Bestandteil der Domestikation und somit eine gravierende Abgrenzung zum Urahn Wolf, der Menschen gegenüber eine ausgeprägte Scheue zeigt.

Um den Menschen als „Rudelgefährten" kennenzulernen, genügt es nicht, daß dieser ihm einige Male täglich Futter bringt. Die Welpen müssen ausgiebig Gelegenheit finden, direkten Kontakt mit dem Menschen zu haben. Wie bereits ausgeführt, befinden sich die jungen Hunde in der oralen Phase, d. h. das „Begreifen" geschieht vornehmlich über die Partien des Fanges. Daher sind Berührungskontakte mit dem Menschen jetzt von eminenter Bedeutung, durch die zugleich auch eine geruchliche Prägung erfolgt, die möglichst vielseitig sein sollte. Daher ist es wichtig, daß sich nicht nur eine Person um den Wurf kümmert, sondern die Welpen zu mehreren Menschen Kontakt haben. Hunde, die in diesem Alter von Kindern mitbetreut werden, werden künftig auch eine besondere Affinität zu ihnen behalten. Bekommen Welpen während dieses Entwicklungsabschnitts nicht die Chance, ein vertrauensvolles Verhältnis zum Menschen aufzubauen, und werden stattdessen isoliert im Zwinger gehalten, werden sie als ausgewachsene Hunde menschlicher Nähe scheu, mißtrauisch oder gar ängstlich begegnen. Ein solches Tier wäre für den Einsatz im Jagdbetrieb gänzlich ungeeignet, da der Erfolg entscheidend vom Zusammenspiel Hund – Mensch abhängt.

Es kann daher nicht oft genug erwähnt werden, wie bedeutungsvoll gerade die Prägungsphase ist, da der Züchter jetzt durch bewußtes Agieren entscheidend zur Kommunikationsverbesserung zwischen Mensch und Tier beitragen kann. Da heute Würfe meist ohne den erzieherischen Beitrag des Vaterrüden aufgezogen werden, müssen einige Aufgaben durch den Menschen übernommen werden.

Spielerisch setzt der Züchter oder eine andere Person, die mit der Versorgung des Wurfes betraut ist, den Welpen erste Grenzen. Ich komme zurück auf das schon erwähnte Beispiel, daß junge Welpen noch nicht über eine Kontrolle der Beißintensität verfügen. Im Spiel wird der Welpe nicht nur die Hände der Bezugsperson lecken, sondern auch die Wirkung seiner spitzen Milchzähne erproben. Durch kurzes Festhalten des Fanges kann der Züchter dem jungen Hund sein Unbehagen darüber zum Ausdruck bringen, und nach einigen Wiederholungen wird der Welpe den Zusammenhang zwischen dem zu festen Zubeißen einerseits und dem kurzen Widerstand durch die menschliche Hand verstanden haben.

Parallel dazu läuft noch ein weiterer Mechanismus ab. Denn der Mensch wird diese Reaktion auf das zu heftige Zubeißen nicht ohne eine Lautäußerung ausüben. Ein energisches „Nein" wird seine Handlung begleiten, ein „akustischer Reiz" also, der dem abwehrenden Knurren des Vaterrüden vergleichbar ist.

Dies ist ein sehr wichtiger Aspekt! Welpen dieses Alters beherrschen bereits alle Lautäußerungen ihrer Art und wissen sie auch sehr differenziert einzusetzen: Winseln und Fiepen als Zeichen des Unwohlseins, Bellen gewissermaßen als Allzwecklaut (Kontaktaufnahme, Spielaufforderung, Unbehagensäußerung, Schreck- und Drohlaut), Wuffen mit geschlossenem Fang zumeist situationsgebunden als Warn- oder Drohlaut, Knurren und Heulen. Die Welpen verfügen über ein breites Spektrum an Lautäußerungen, das sie einerseits aktiv einsetzen, andererseits aber eben genauso gut verstehen. Die Lautäußerungen stellen also beim Hund neben dem optischen Ausdrucksverhalten (Gestik und Mimik) ein differenziertes Kommunikationsmittel dar.

Welpen beherrschen aber nicht nur die innerartliche lautliche Verständigung. Bereits in der 4. Lebenswoche

Abb. 20: Welpen mit Damhirsch

reagieren Welpen bereits auf die menschliche Stimme: Sie gehen schwanzwedelnd in die Richtung, aus der sie die vertraute Stimme vernehmen. Wie sie verschiedene Lautäußerungen unter ihresgleichen nach der Bedeutung differenzieren können, so lernen sie auch jetzt schon, unterschiedliche Intonationen der menschlichen Stimme nicht nur wahrzunehmen, sondern auch als Gemütsäußerungen einzuschätzen. Der Züchter sollte sich dessen bewußt sein, denn hier liegt ein großes Potential für die Erziehung der Hunde: Die Stimme kann neutral, sympathisch, zärtlich, lieb, aber auch begrenzend, strafend oder gar drohend wirken. Hunde lernen assoziativ, d. h. vernehmen sie bei bestimmten Aktivitäten ruhige, sanfte Laute des Menschen, so haben diese eine angenehme oder gar anspornende Wirkung; ertönt stattdessen eine barsche, energische Stimme, gekoppelt mit der festhaltenden Geste wie in dem genannten Beispiel, ergibt sich aus der Lautäußerung eine Begrenzung oder Bestrafung. Ein Mensch, der um die Möglichkeiten der Intonation als Ausdrucksmittel von Gemütsverfassungen weiß, kann auf diese Weise einen wichtigen Grundstein in der Prägunsphase legen. Voraussetzung hierfür ist wiederum eine intensive Beschäftigung mit dem Welpen.

Jetzt können auch bereits erste prägende Eindrücke für den späteren jagdlichen Einsatz gesetzt werden, die allerdings noch nichts mit Abrichtung zu tun haben. Erste kleine Futterschleppe lehren die Welpen den Einsatz der Nase. Läufe eines erlegten Stückes Schalenwild oder auch gelegentlich eine Rehdecke machen mit der neuen Witterung vertraut. Auch lassen sich schon jetzt Unterschiede in der Reaktion der Welpen beobachten, die von sofortiger Inbesitznahme über vorsichtiges, interessiertes Beschnuppern bis hin zur Ablehnung reichen können. Sicherlich kann der erste Kontakt mit Wild bzw. Wildteilen noch keine endgültige Entscheidung bringen, dient aber als ein Kriterium für die weitere Beobachtung der Entwicklung der Welpen.

Auch dem künftigen Bodenjäger kann man bereits in diesem Alter erste Eindrücke vermitteln. Röhren (z. B. Betonröhren mit kleinem Durchmesser, ca. 15 cm), in den Zwinger gelegt, sind ein beliebtes Betätigungsfeld. Zunächst wird den Welpen nur ein kurzes Rohr geboten, um sich an die Dunkelheit darin zu gewöhnen. Im Nu werden sie sich durch diesen Tunnel jagen. Mehrere Röhren aneinandergelegt, erhöhen den Reiz. Die Spiele werden variantenreicher, und so wird die eine oder andere Vorliegearbeit unter Artgenossen durchgeführt und dabei auch das Verbellen geübt.

Die Prägungsphase, in der neben der Weiterentwicklung motorischer Fähigkeiten und erstem sozialen Lernen zur innerartlichen Verständigung vor allem das Wahrnehmen einer immer weiter gefaßten Umwelt im Mittelpunkt steht, stellt an den Züchter ein hohes Maß an Verantwortung. Die Umweltansprüche des Menschen sind stets andere als die eines Hundes. Der Einfluß auf die Entwicklung der Welpen setzt sich aus einem reichhaltigen Konglomerat naturgebundener und zivilisationsbedingter Umweltfaktoren zusammen. Dem Züchter obliegt es nun, den Welpen ein Umfeld zu geben, das artgemäß und rassetypisch ist, den erblichen Anlagen und der Altersentwicklung entspricht. Nur wenn diese Bedingungen erfüllt sind, kann sich das notwendige innere Gleichgewicht für die Entfaltung eines ungestörten Wesens einstellen.

Sozialisierungsphase
(8. bis 12. Lebenswoche)

Die in der Prägungsphase eingeleiteten Entwicklungsprozesse werden nun fortgesetzt und intensiviert. Hatten sowohl das Erkunden eines erweiterten Terrains als auch das Spiel mit den Wurfgeschwistern einen eher zufälligen Charakter, werden die Aktionen des Welpen jetzt sehr zielstrebig. Dabei ist die soziale Komponente im Spielverhalten weitaus höher einzuschätzen als die der körperlichen Ertüchtigung. Im Vordergrund stehen zwei Hauptelemente: die Unterordnung und das kooperative Moment, d. h. das bewußte Miteinander, das Erkennen der Vorzüge des gemeinschaftlichen Tuns. Beides ist von fundamentaler Bedeutung sowohl hinsichtlich der ethologischen Verwandtschaft zum Wolf als auch bezüglich der konkreten Lebenssituation des Welpen. Denn die Sozialisierungsphase markiert den Lebensabschnitt, den der Welpe teils noch im Rudel der Artgenossen, teils aber auch schon bei seinem neuen Besitzer erlebt.

Die nähere Betrachtung des Zusammenwirkens im Hunderudel wird zum besseren Verständnis der jetzt ablaufenden Entwicklungssequenzen beitragen.

Die Sozialisierungsphase stellt „die große Zeit des Spielens" dar. War das Spiel der Welpen untereinander während der Prägungsphase vorwiegend eine Beschäftigung mit den unterschiedlichen Körperteilen des Artgenossen (Beknabbern der Pfoten, Ziehen an der Rute, In-die-Oh-

Abb. 21: Spielerischer Kampf um die „Futter-Beute"

ren-Zwicken), wird nun das eigentliche Miteinander entdeckt. Die Welpen entwickeln Verhaltensweisen mit hoher Signalwirkung. Sowohl das Heben der Pfote als auch die „Vorderkörper-Tief-Haltung", bei der der Welpe mit dem Vorderkörper tief am Boden bleibt, die im Ellenbogengelenk stark gewinkelten Vorderläufe seitlich spreizt und das Hinterteil, meist schwanzwedelnd, hochstreckt, haben Aufforderungscharakter, d. h. die Wurfgeschwister werden zum Spiel animiert. In Angriffs- und Kampfspielen lernen die Welpen alle Mechanismen des Beutemachens, der Verteidigung, aber auch des Teilens der Beute, der Abwehr und der Unterwerfung.

Das Spiel ist wichtig für die Bildung und Aufrechterhaltung sozialer Organisationen und Bindungen. So entwickelt sich ein starkes Zusammengehörigkeitsgefühl, aus dem zugleich das Gefühl einer sozialen Sicherheit resultiert: Im Schutze der Gemeinschaft wird die ganz natürliche Scheu vor allem Neuen und Unbekannten „spielend" gemeistert.

Abb. 22: „Kontaktliegen"

Auch das Verhalten des Vaterrüden hat sich nun gewandelt. Die Welpen genießen keine Narrenfreiheit mehr. Der Rüde fordert den Nachwuchs zum Spiel auf, um ihm etwas beizubringen oder um seine Vorrangstellung zu verdeutlichen. Denn er bestimmt nun, wann gespielt wird und wann das Spiel abzubrechen ist. Das Spiel hat funktionalen Charakter bekommen: Lernen und Unterordnen – das sind die Ziele. Mißachtet ein Welpe die väterliche Vorrangstellung, wird er nun vom Rüden gestraft. Dieser packt den Missetäter im Nackenfell und schüttelt ihn kräftig durch. Der Welpe schreit und wirft sich demütig auf den Rücken. Er akzeptiert die Bestrafung und wird dem Vaterrüden nur wenig später durch Pfoteheben, Stoßen gegen die Lefzen und Belecken des Fangs die uneingeschränkte Anerkennung der elterlichen Autorität signalisieren. Durch das Spiel wird also die notwendige Einfügung in die Gemeinschaft erleichtert.

Hier wird die Verwandtschaft zum Wolf wieder besonders deutlich. Denn die absolute Akzeptanz der Rangordnung im Rudel ist bei den Wölfen entscheidend für den Fortbestand der Art. Bemerkenswerterweise lernen auch Wolfswelpen dieses Alters vorwiegend durch intensives Spielen. Forscher haben festgestellt, daß soziale Caniden wie Wolf und Hund häufiger und früher spielen als die mehr solitären Arten wie Fuchs, Schakal und Kojote.

Neben der Freude am Spiel fällt bei Welpen dieser Entwicklungsstufe vor allem Neugier und der ausgeprägte Wille zum Erkunden alles Unbekannten auf. Am schnellsten vollziehen sich hierbei alle Lerneffekte durch Nachahmungsprozesse, d. h. ein schon erfahrener Artgenosse führt die Welpen in neue Gefilde ein. Meist übernimmt die Mutterhündin diese Aufgabe. Die Welpen sind jetzt weitestgehend entwöhnt; die Mutterhündin kann sich ihrem Nachwuchs also widmen, ohne ihn ständig vom Gesäuge vertreiben zu müssen. Jede Entdeckung neuen Terrains, die die Welpen allein unternehmen, bedeutet zunächst die Überwindung der ganz natürlichen Scheu. Diese Hemmung entfällt, wenn die Erkundungsausflüge gemeinsam mit der Mutterhündin absolviert werden. Denn zur Mutter besteht nach wie vor Urvertrauen: Wohin sie geht, folgen die Jungen bedenkenlos nach. So können die Welpen in aller Selbstverständlichkeit und ohne Angstgefühl die Vielfalt der unbekannten Welt erleben. Züchter, die die Hündin mit Beendigung der Laktationszeit vom Wurf trennen, nehmen den Welpen einen ganz entscheidenden Faktor zur Entwicklung eines gesunden Wesens.

Auch in der Sozialisierungsphase zeigt sich somit wieder die Verzahnung von Erbmasse und Lerneffekten. Welpen lernen durch Nachahmung. Verhält sich die Mutterhündin in einer für die Welpen unbekannten Situation souverän, werden auch sie diesem Ungewohnten interessiert und unerschrocken begegnen. Zeigt sie sich jedoch scheu und ängstlich, so wird auch den Welpen diese Situation suspekt erscheinen. Die Stimmung der Mutterhündin fließt unwillkürlich in den Prozeß der Nachahmung mit ein. So ist die Wesensfestigkeit der Hündin auch in dieser Phase von größter Wichtigkeit: Denn eine in sich ruhende Hündin wird durch ihr erfahrenes und gelassenes Verhalten ihren Welpen ein Gefühl der Selbstsicherheit vermitteln.

Sollten noch weitere Hunde im Zwinger gehalten werden, ist es empfehlenswert, auch diese in den Lernprozeß der Welpen einzubeziehen. So lernen die Welpen weitere Artgenossen kennen und werden trainiert, ihnen adequat zu begegnen, d. h. sie können die erlernten Unterwerfungsgesten in einem erweiterten, aber dennoch sicheren Rahmen erproben. Darüberhinaus ergibt sich durch das Spiel mit den anderen Hunden eine Bereicherung des Erfahrungsschatzes, denn auch sie werden die Welpen mit Unbekanntem vertraut machen.

In die Sozialisierungsphase fällt in den meisten Fällen die Abgabe des Welpen an seine neuen Besitzer, die eine schwerwiegende Zäsur im Hundeleben darstellt. Der Welpe wird aus seiner gewohnten Umgebung herausgelöst und von den Wurfgeschwistern und der Mutterhündin getrennt, mit denen er jetzt eine ganz intensive Bindung aufgebaut hat. Dennoch ist gerade dieser Zeitpunkt, auch wenn es auf den ersten Blick paradox anmuten mag, besonders günstig, den Welpen in ein neues Lebensumfeld einzuführen, wie die nachfolgenden Ausführungen zeigen werden.

Die Bindung zur Mutterhündin garantierte dem Welpen bislang nicht nur Nahrung und die nötige Pflege, sondern sie vermittelte ihm vor allem ein Gefühl der Sicherheit und Geborgenheit. Zu dieser Nestwärme gehört auch der Kontakt und das Zusammengehörigkeitsgefühl mit den Wurfgeschwistern. Soziallebende Tiere wie der Hund bemühen sich ständig durch Aufrechterhaltung bzw. Wiederherstellung von Nähe Bindung zum Rudelgefährten zu halten. Für soziale Lebewesen erzeugt das Alleinsein Angst, denn Alleinsein in der freien Natur würde vor allem für Jungtiere den baldigen Tod bedeuten. Der Sozialverband garantiert also das Überleben. Demgemäß kann ein Welpe seine natürliche Neugier nur so weit befriedigen, wie er sich noch in der Nähe seines Rudels wähnt. Gemeinschaftliche Erkundungsausflüge erweitern den Erfahrungshorizont ungemein. Auch die Lernspiele finden in einem sicheren Klima statt.

Durch den Spieltrieb während der Sozialisierungsphase lernt der Welpe, soziale Bindungen aufzubauen. Dies stellt einen sehr wichtigen Aspekt in der artgerechten Entwicklung dar. Da der domestizierte Hund nicht Zeit seines Lebens im Rudel seiner Artgenossen leben wird, muß auch eine ausreichende menschliche Zuwendung gewährleistet sein. Bereits in der Prägungsphase hat der Welpe den Menschen als künftigen Sozialpartner bewußt wahrgenommen. Durch intensives Spielen mit dem Züchter und anderen Bezugspersonen lernen die Welpen, den Menschen nun auch als soziales Wesen zu begreifen, und bauen auch zu ihm eine Bindung auf.

Der Mensch wird also in das Gerüst des gemeinschaftlichen Miteinander integriert, und auch er gehört fortan zu dem Fluidum, das Sicherheit und Geborgenheit garantiert.

Mit dem Eintritt in ein neues Umfeld strömt eine Menge unbekannter Einflüsse auf den Welpen ein. Je größer die Neugier und Wißbegierde des jungen Hundes ist, desto leichter wird er sich in die neue Umgebung eingewöhnen. Vorausgesetzt, der Welpe hat menschliche Nähe schon frühzeitig kennengelernt, wird er bald eine Bindung zu seinem neuen Herrn aufbauen, um sich so ein sicheres Rückzugsfeld zu schaffen. Ausgiebige Zuwendung und vertrauensvolles Spiel tragen dazu bei, die Beziehung rasch zu stabilisieren.

Die jetzt vorhandene große Lernbereitschaft des Welpen sollte der neue Besitzer unbedingt für eine erste und grundlegende Erziehung nutzen. Dabei ist es wichtig, den Spieltrieb des jungen Hundes zu berücksichtigen. Wie der Vaterrüden dem Welpen seine Vorrangstellung im Spiel vermittelt, so sollten auch die menschlichen Erziehungsmaßnahmen spielerisch, aber konsequent erfolgen. Der Welpe lernt jetzt äußerst lustbetont; strenge Disziplinierungen hätten eher einen gegenteiligen Effekt. So ist es zwar ohne weiteres möglich, den Welpen stubenrein zu bekommen, ihm die Grundregeln der Leinenführigkeit oder das Kommando „Sitz" beizubringen, auf keinen Fall jedoch darf die spielerische Erziehung in harte Abrichtungsversuche entgleisen. Jede Überforderung würde großen Schaden bei dem Welpen hinterlassen.

Im Lebensabschnitt der Sozialisierung sind also Neugier- und Bindungsverhalten gepaart und bedingen einander: Das Erkunden alles Neuartigen kann nur so weit gedeihen, wie die Gewißheit auf soziale Einbindung besteht. Erst wenn der Lernprozeß der innerartlichen sozialen Bindung abgeschlossen ist, kann an eine Trennung von dieser Gemeinschaft gedacht werden. Dann wird der Mensch zum neuen Sozialpartner und führt den Welpen in ein unbekanntes, weiter gefaßtes Lebensfeld ein. Die vorhandene Lernbereitschaft, Neugier und der ausgeprägte Spieltrieb begünstigen diesen Schritt.

Rangordnungsphase
(13. bis 16. Woche)

Die folgenden Wochen dienen insbesondere der Festlegung der Konstellation unter den gleichaltrigen Artgenossen. Ein Blick auf das Wolfsrudel verdeutlicht, warum die Rangordnung unter den Wurfgeschwistern zu diesem Zeitpunkt so bedeutsam ist. Wolfswelpen werden im April gewölft. Mit Eintritt in ihren siebenten Lebensmonat hat die kalte und harte Jahreszeit bereits begonnen, in der das reibungslose Beutemachen im Rudel funktionieren muß. Das setzt voraus, daß die Ordnung innerhalb des Wolfsrudels gewährleistet ist. Nach Beendigung der Sozialisierungsphase bedarf es also zunächst der Klärung der Rangpositionen der Wurfgeschwister untereinander, ehe die eigentliche Rudelordnungsphase ab dem 5. Lebensmonat einsetzen kann. Der Weg von der Geburt eines Wolfswelpen hin zum vollwertigen Rudelmitglied ist also gekennzeichnet von einer festen Abfolge von Entwicklungsschritten.

Wäre die Rangordnung nur eine Frage der physischen Stärke, so wäre sie bereits in den ersten Lebenstagen geklärt, wenn sich zumeist die dicksten und kräftigsten Welpen im Kampf um die Zitzen behaupten. Das Spiel in dieser Phase zeigt deutlich, daß zur Festlegung der Rangordnung untereinander insbesondere psychische Elemente, die sogenannte Wesensfestigkeit, ausschlaggebend sind.

Meist sind die Welpen zu diesem Zeitpunkt bereits an den neuen Besitzer abgegeben worden. Dennoch wird sich einem Züchter hin und wieder die Gelegenheit bieten, wenn vielleicht nicht den ganzen Wurf, so doch zwei, drei Welpen daraus noch bei sich zu haben und das gemeinsame Spiel auch in dieser Phase beobachten zu können.

Aggressionen nehmen jetzt einen breiten Bereich im Spiel ein. Es fällt auf, daß diese Aggressionen jetzt beherrschbar sind, denn in der Sozialisierungsphase haben die Welpen untereinander gelernt, damit umzugehen. Im Vordergrund steht nun das Einspielen des sozialen Einvernehmens. Scheinkämpfe dienen dazu, die Reaktionsschnelligkeit des anderen kennenzulernen, seine psychische Widerstandskraft und seine Geschicklichkeit in den unterschiedlichsten Bereichen zu erproben.

Ein typisches Beispiel in der Rangordnungsphase kann folgendermaßen aussehen: Ein Welpe erbeutet einen Knochen, verschleppt ihn an einen unzugänglichen Ort und beschäftigt sich dort demonstrativ damit. Die Wurfgeschwister werden darauf aufmerksam und versuchen, ihm durch Vorliegen, Verbellen und Einschüchterungsversuche wie Knurren und Drohschnappen diesen Knochen abzujagen. Wichtig ist hierbei nicht die körperliche Überlegenheit, sondern die Ausdauer, die der Welpe zeigt, um seine Beute zu verteidigen.

Derartige Spiele wiederholen sich fortlaufend mit unterschiedlich besetzten Rollen, bis sich schließlich eine klare Rangordnung innerhalb der Altersklasse herauskristallisiert hat. Ältere Rudelgenossen sind an diesen Spielen nicht beteiligt, denn sie werden von den Welpen respektiert. Die Anerkennung ihrer Autorität resultiert weniger aus der physischen Überlegenheit als vielmehr aus dem Erfahrungsvorsprung. Das Zusammenleben der verschiedenen Generationen in einem Hunderudel erfolgt in der Regel harmonisch und ohne Konflikte. Denn die Existenz anerkennenswerter Autoritäten bedeutet für Welpen und Junghunde Sicherheit für ihre Entwicklung und allmähliche Anpassung an die bestehende Sozialordnung.

Dieses Prinzip sollte sich der Mensch zunutze machen. So wie der Junghund im Rudel herangezogen wird, um sukzessive ein verläßlicher Gefährte beim Beutemachen zu werden, kann auch der Mensch schon mehr von ihm fordern. Nach wie vor sind die Welpen sehr begierig, Neues zu erlernen. Sind die Lernziele zu gering, ist der Hund unterfordert. Andererseits ist darauf zu achten, daß die einzelnen Lernschritte erfolgreich beendet werden. Stetige Wiederholungen eines Kommandos, das richtig ausgeführt wurde, verunsichern den Hund, denn er müßte glauben, etwas nicht richtig gemacht zu haben. Die Übungen sollten ihn also immer etwas voranbringen.

Dennoch darf der Welpe aber auch nicht überfordert werden, damit er die Freude am Lernen behält. Der Mensch sollte hier mit viel Einfühlungsvermögen vorgehen und vor allem bedenken, daß Lob die Lernbegeisterung stark stimuliert. Denn der Welpe reagiert in dieser Lebensphase, wie schon erwähnt, nicht mehr vorrangig auf physische Stärke, sondern sieht die Überlegenheit desjenigen, dem er sich unterordnen will, auf einer höheren Ebene.

Weitestgehend bleibt der Mensch in der Rangordnungsphase außen vor, da er von den Welpen als „Elterntier" und damit als natürliche Autoritätsperson gesehen wird. Dieser Lebensabschnitt dient primär der Einübung der sozialen Konstellation zwischen den Wurfgeschwistern.

Meist werden die Welpen aber um die zehnte Lebenswoche herum aus der Geschwistergemeinschaft herausgelöst, da dies, wie bereits ausgeführt, den günstigsten Zeitpunkt zur Eingewöhnung in ein neues Zuhause darstellt. Somit geht den jungen Hunden dieser Entwicklungsschritt verloren.

Zur optimalen Entfaltung und Vervollständigung der erblichen Anlagen eines Welpen bedarf es aber der Fortsetzung solcher Entwicklungsvorgänge, die nur im Spiel mit gleichaltrigen Artgenossen ablaufen. Ein engagierter Züchter wird hier versuchen, Abhilfe zu schaffen, indem er Welpentreffen organisiert oder die Ausrichtung derartiger Zusammenkünfte an andere erfahrene Personen delegiert. So haben die nun ansonsten einzeln aufwachsenden Hunde die Gelegenheit, die abgebrochene innerartliche Spielentwicklung so weit wie möglich fortzusetzen.

Sobald die Welpen sich in ihrem Zuhause eingelebt und das neue „Rudel" akzeptiert haben, kann das erste Zusammentreffen stattfinden. Es soll in erster Linie dem uneingeschränkten und selbständigen Spiel der Welpen untereinander dienen und in einer unbeschwerten, angstfreien Atmosphäre stattfinden. Durch das Spielen wird das Lernen aus eigenem Antrieb gefördert. Der Mensch kann das seinige dazutun, indem er für die Zusammenkünfte wechselnde Standorte wählt, so daß sich für die Welpen immer neue Erkundungsausflüge bieten. Im Zuge der Treffen können die jungen Hunde dann sukzessive gemeinsam an unterschiedliche Reize optischer und akustischer Art (Flattern einer Fahne, plötzliches Aufspannen eines Schirms, Klappern von Büchsen, Gewöhnung an den Schußknall) herangeführt werden. Allmählich wird so jene Selbstsicherheit und vielseitige Leistungsfähigkeit entstehen, die das Wesen eines Hundes ausmacht.

In der Rangordnungsphase klären die Welpen untereinander die Konstellation im Rudel. Ausschlaggebend hierfür sind vorwiegend psychische Aspekte wie Durchsetzungsvermögen und Ausdauer. Dem Menschen kommt eine übergeordnete Position als Anführer zu. Da die Welpen zu diesem Zeitpunkt zumeist bereits die Wurfgemeinschaft verlassen haben, sollte versucht werden, die Welpen bei organisierten Treffen zum Spiel zusammenzuführen. So erhalten die jungen Hunde die Chance, die abgebrochene Entwicklung im Spiel mit gleichaltrigen Artgenossen wieder aufzunehmen, während die neuen Besitzer die Gelegenheit nutzen können, durch Beobachtungen zusätzliche Anregungen zur Förderung ihres Hundes zu sammeln.

Rudelordnungsphase
(5. und 6. Monat)

Die harten Witterungsbedingungen, denen sich das Wolfrudel gegen Jahresende stellen muß, erfordern einen sehr engen Zusammenhalt. Er wird erreicht durch die ernste Zusammenarbeit mit den erwachsenen Rudelmitgliedern, die nun im 5. und 6. Lebensmonat der Welpen beginnt. Die soziale Partnerschaft mit den Eltern wird abgelöst durch eine straffe Rudelorganisation, in der die jungen Wölfe zu vollwertigen Partnern bei den gemeinsamen Beutezügen werden. Auf diese Weise lernen sie, daß das Zusammenwirken unter Führung eines erfahrenen Leittieres den jagdlichen Erfolg sichert, und erkennen, daß jedes einzelne Rudelmitglied seinen Part zum Jagderfolg beiträgt. Diese positiven Erfahrungen dienen als Stimulans, auch weiterhin den Zusammenhalt der Gemeinschaft anzustreben.

In der Rudelordnungsphase sind junge Hunde besonders unterordnungsbereit; Autoritäten werden jetzt gern anerkannt. Sie zeigen eine große Bereitschaft zu gemeinsamen Aktivitäten. Jede Arbeit, die ihre Zugehörigkeit zu einem Familienverband bestätigt, macht ihnen Freude und stärkt das Selbstbewußtsein.

Die jetzt vorhandene Bereitschaft zur Zusammenarbeit markiert den Zeitpunkt, zu dem der Mensch mit Hilfe von verschiedenen Übungsabläufen seine Stellung als Rudelführer manifestieren kann. Diese Phase eignet sich besonders, mit der Gebrauchsarbeit zu beginnen. Im Vordergrund steht dabei das richtige Aufnehmen und Verfolgen einer Fährte als erste Etappe zum künftigen Einsatz als Jagdhund. Wichtig dabei ist es, dem Hund jeweils am Ende der Fährte ein Erfolgserlebnis zu vermitteln, indem man ihm eine Belohnung gibt. Das hält ihn freudig und interessiert und vermittelt ihm einen positiven Eindruck des ersten gemeinsamen Jagderlebnisses.

Präsentiert sich der Mensch jetzt als ein psychisch überlegener und erfahrener Anführer, so wird sich der Hund ihm gern unterordnen und unter seiner Anleitung versuchen, sein Bestmögliches zu geben. Die Rudelordnungsphase bietet also die ideale Grundlage, daß der Jäger und sein Hund zu einem erfolgreichen Team zusammenwachsen können.

Im Umkehrschluß handelt es sich bei diesem Entwicklungsschritt zugleich jedoch um eine kritische Phase, die zu massiven Erziehungsproblemen führen kann, wenn der Mensch jetzt versäumt, sich als psychisch überlegene Autorität zu präsentieren. Der Hund wird die Situation nutzen, seine Rangposition im Rudel zu verbessern. Ihm fehlt das Leitbild und wird einem unterlegenen Rudelmitglied nicht zu Dienste sein.

Pubertätsphase

Den letzten großen Einschnitt in der Entwicklung zum erwachsenen Hund stellt die Geschlechtsreife dar. Die Pubertät, die auch beim Hund eine schwierige Phase markiert, läßt sich anders als die bisher beschriebenen Lebensabschnitte nicht so klar auf ein bestimmtes Alter festlegen. Der Reifeprozeß des Hundes fällt nicht nur rassebedingt unterschiedlich aus, sondern differiert von Individuum zu Individuum. Anders als beim Menschen ist die Geschlechtsreife auf einen relativ kurzen Zeitraum begrenzt und umfaßt, den rein biologischen Vorgang betreffend, bei der Hündin etwa drei Wochen, nämlich die Phase der ersten Hitze, mit der ihre Fortpflanzungsfähigkeit determiniert wird. Entsprechend verläuft der Prozeß der Zeugungsfähigkeit beim Rüden ab. Die Geschlechtsreife tritt etwa zwischen dem siebenten und zehnten Lebensmonat ein.

In dieser Zeit wirkt das Verhalten des Hundes launenhaft und unausgeglichen. Der Hundebesitzer zweifelt jeden Erfolg der bereits vollzogenen Erziehungsmaßnahmen an. Der Hund scheint alles vergessen zu haben: Er widersetzt sich Kommandos, kann unter Umständen einen Rückfall bei der Stubenreinheit haben, und gelegentlich sind auch Unsicherheit bis hin zur Ängstlichkeit zu beobachten.

Ein Beispiel von der Fährtenarbeit mit acht-, neunmonatigen Hunden möchte ich beschreiben: Ein Hund sucht intensiv die Fährte, unterbricht plötzlich seine Nasenarbeit, hält inne, weil er einen großen Stein oder Baumstubben einige Meter vor sich entdeckt. Dieser wird dann lange ängstlich beäugt, alle Konzentration gilt diesem ominösen Objekt, dem sich der junge Hund dann schließlich, gelegentlich auf Umwegen, nähert und es bewindet. Mit einem Mal ist alles vergessen, und die Fährte wird wieder aufgenommen. Entsprechende Vorkommnisse können sich auch in anderen Bereichen ereignen.

Als ich diesem Phänomen erstmals begegnete, zweifelte ich kurzfristig an der Wesensfestigkeit des Hundes. Inzwischen habe ich Ähnliches öfter beobachtet und feststellen können, daß es sich dabei um vorübergehende Verunsicherungen handelt, die offensichtlich durch hormonelle Veränderungen hervorgerufen werden.

Ebenso wie die teilweise übergroße Ängstlichkeit ist auch der mangelnde Gehorsam nur vorübergehender Natur. Daher ist die gelegentlich geäußerte Behauptung, die eigentliche Erziehung brauche erst nach Beendigung der Pubertätsphase einzusetzen, falsch. Im Gegenteil, ein Hund, der zuvor nicht erzogen wurde, wird nachher kaum noch erziehbar sein. Die körperlichen Veränderungen irritieren den Junghund, und der Übergang vom Welpenalter zum erwachsenen Hund bereiten ihm Schwierigkeiten, seine Stellung immer richtig einzuschätzen.

Pubertierende Hunde neigen zum Machtkampf, streben an, ihre Rangposition im Rudel zu erhöhen. Es ist daher wichtig, daß der Mensch gerade jetzt seine Rolle als anerkannte Autorität beibehält und gegebenenfalls gegen ernsthaftes Aufbegehren energisch einschreitet. Denn jetzt manifestieren sich die Rangverhältnisse endgültig: Ein Hund, der seine Position jetzt genau erkennt, wird auch fortan das Leitbild des Menschen respektieren.

Mit dem Ende der Pubertätsphase festigen sich alle bereits erlernten Erziehungsmuster. Der Hund gewinnt an Selbstsicherheit. Jetzt wird er auch Revieransprüche stellen, d. h. Wachsamkeit und Verteidigungswillen entwickeln. Bei dem reifen Hund stellen sich nun Verhaltensweisen ein, die charakteristisch für das erwachsene Tier sind, die aber mit der Erziehung nichts mehr zu tun haben sollten, da diese bereits abgeschlossen sein sollte.

Erziehung

Das scheinbar unbeholfene, beschützenswerte Wesen des Welpen verleitet manch einen neuen Besitzer leicht dazu, den kleinen Hund zu verzärteln und Erziehungsmaßnahmen zunächst auf die lange Bank zu schieben. Dem Welpen „eine unbeschwerte Kinderstube" zu ermöglichen, „eine unbekümmerte Jugend" zu bewahren, ohne an ihm herumzuerziehen, erklären viele zu ihrer Maxime. „Wenn der Welpe alt genug ist, kann man ihm etwas beibringen."

Leider wird dabei außer acht gelassen, daß es das richtige Alter, um mit der Erziehung zu beginnen, nicht gibt. Dagegen gibt es in jedem Entwicklungsabschnitt des Welpen Lernbereitschaften, die genutzt werden sollten, um ihm sukzessiv Lehrinhalte zu vermitteln. Lernprozesse vollziehen sich nicht von heute auf morgen, sondern setzen sich aus zahlreichen Erfahrungen zusammen. Erziehung muß daher in vielen kleinen, altersgemäßen Mosaiksteinchen vom Welpenalter an erfolgen. Sie sollte möglichst spielerisch gestaltet werden, denn so nähert sich der junge Hund allem Unbekannten völlig vorbehaltlos, und viele Lernziele werden allein durch den Trieb zur Befriedigung der Neugier erreicht. Außerdem wird auf diesem Wege das Interesse an der Zusammenarbeit mit dem Menschen geweckt.

Hierin liegt ein wichtiger Schlüssel für das gesamte Lernverhalten eines sozialen Tieres wie dem Hund. Denn ein kleiner Welpe ist kein niedliches Spielzeug, sondern ein Geschöpf, das den Menschen als Autorität, als Rudelführer anerkennt, von dem es zukunftsbezogenes Denken erwartet. Der Mensch als Leitfigur muß über großes Einfühlungsvermögen verfügen; ihm werden Wissen, Verantwortung und Konsequenz abverlangt.

Was ist Erziehung?

Mit dem Verlassen der Wurfgeschwistergemeinschaft und dem Wechsel zum neuen Besitzer beginnt der Prozeß, der gemeinhin Erziehung genannt wird. Im Vordergrund steht die Eingewöhnung des Welpen in die fremde Umgebung und die unbekannten Lebensumstände. Der junge Hund wird besonders engen Kontakt zu dem Menschen suchen, den er jetzt als Rudelführer begreift und anerkennt und der ihn mit den neuen Gegebenheiten vertraut macht.

Es ist von großer Wichtigkeit, daß sich der Welpenbesitzer von Anfang an der außerordentlichen Lernfähigkeit des kleinen Vierbeiners bewußt ist. Denn unbeabsichtigte Fehler, die jetzt im prägungsfähigen Alter des Welpen begangen werden, führen leider häufig zu irreparablen Fehlentwicklungen im Wesen. Deshalb sollte das menschliche Tun ganz bewußt dahingehend ausgerichtet sein, dem Welpen möglichst nur solche Lernsituationen zu bieten, die sein Verhalten in eine wünschenswerte Richtung lenken.

Diese Ausführungen mögen abstrakt erscheinen, werden aber plausibel, wenn man sich die Bedeutung zweier häufig gebrauchter Redewendungen vor Augen führt: Die Ausdrücke *„Macht der Gewohnheit"* und *„dumme Angewohnheit"* bezeichnen sehr deutlich die Resultate von Lernprozessen, die auf „Gewöhnung" basieren. Dieses Wortspiel veranschaulicht, wie bedeutsam es ist, bereits bei der Eingewöhnung in sein neues Lebensumfeld dem Welpen die richtigen Signale für das Leben in der künftigen Gemeinschaft zu setzen, denn auch dies ist schon Teil der Erziehung.

Ein „dackeltypisches" Beispiel illustriert dies: Die Versuchung ist groß, einem Teckelwelpen anfangs einen Platz auf dem Sofa zuzubilligen, „weil ja alles noch so fremd ist und der kleine Kerl so einen besseren Überblick hat". Da er den Sprung aufs Sofa noch nicht alleine schafft, wird er vom Menschen hochgehoben und daraufgesetzt.

Als erwachsener Hund jedoch soll er hier nicht mehr geduldet werden. Der Welpe wird an diesen priviligierten Platz gewöhnt, d. h. er lernt, daß er dort sitzen darf. Wie aber soll er dann begreifen, daß er nach Beendigung des Welpenalters seine Ruhestatt nicht mehr auf dem Sofa einnehmen darf? Hier setzt der Mensch falsche Signale. Derart unüberlegte Handlungsweisen tragen nur zur Verunsicherung des Hundes bei.

An dieser Stelle wird zugleich ein anderes grundlegendes Prinzip in der Erziehung deutlich: die *Konsequenz*. Der Hund lernt, wie soeben ausgeführt, durch Gewöhnung. Bestimmte Handlungsabläufe wiederholen sich, und der äußerst lernbegierige Welpe erkennt daraus, wie er sein Verhalten der Situation anzupassen hat. Durch die Zielstrebigkeit und Beharrlichkeit des Menschen wird der Hund an das jeweilige Lernziel herangeführt. Konsequenz sollte also primär als eine Gleichmäßigkeit im menschlichen Verhalten verstanden werden und nur sekundär als Mittel zur Durchsetzung bestimmter Verhaltensweisen.

Die Konstanz im täglichen Umgang dient dem Welpen als Orientierung, wodurch er langfristig immer mehr Vertrauen zu seinem „Rudelführer" aufbaut. Die Bestätigung, die er aufgrund ausgewogenen Verhaltens durch den Menschen erfährt, stärkt seine Selbstsicherheit. Dagegen verunsichern Unstetheit und Wankelmut beim Menschen den Welpen: Er kann nicht mehr erkennen, was von ihm erwartet wird. Dadurch wird nicht nur die Vertrauensebene zum Rudelführer gestört, vielmehr ist es dem Welpen unmöglich, daß nötige Selbstbewußtsein zu entfalten. Aber nur ein Hund, der über ein gesundes Selbstvertrauen verfügt, wird sich zu einem verläßlichen Gefährten des Jägers entwickeln können.

Freilich birgt das Leben jede Menge Tücken: Alltagshektik und Berufsstreß lassen uns Menschen nur allzu leicht vom „Idealkurs" abweichen, und wir schwanken dann zwischen den zwei Extremen, eine Missetat des

Abb. 23: Ein weiter Weg, bis alles so gut klappt: die 4 „vom Frohen Eck"

Welpen aus Müdigkeit zu ignorieren oder zu heftig darauf zu reagieren.

Kehren wir noch einmal zu dem Beispiel des Dackels auf dem Sofa zurück. Der Welpe hat den Platz als den seinen erkannt. Da er wächst und kräftiger wird, braucht er bald nicht mehr auf menschliche Hilfe zu warten, um hochgehoben zu werden. Der erste Sprung aufs Sofa, der gelingt, wird mit Sicherheit auch mit Staunen und Beifall quittiert. Aber der Fall ist unausbleiblich, daß der Tekkel auf dem Sofa nicht willkommen ist, sei es, weil er mit regennassen, dreckigen Pfoten seinen Stammplatz einnehmen will, sei es, daß die Tante im feinen weißen Kleid zu Besuch weilt. Plötzlich verkehrt sich die tolerierende bis freudige Reaktion in eine tabuisiernde, die für den Hund absolut unverständlich ist. Er wird noch mehrere Anläufe nehmen, sein Ziel dennoch zu erreichen, erntet aber immer wieder Mißfallen und wird schließlich gar durch Aussperren aus dem Raum gestraft. Derart inkonsequentes Verhalten des Menschen muß zwangsläufig zur Verunsicherung des Hundes führen, besonders dann, wenn er auch sonst ähnliche Reaktionen zu spüren bekommt.

Die Notwendigkeit der Konsequenz im menschlichen Verhalten muß aber darüberhinaus auch im Zusammenhang mit der Autorität gesehen werden. Wie bereits erläutert, tritt der Mensch an die Stelle des Elterntieres und wird aufgrund seiner Erfahrung vom Welpen respektiert. Der Rudelführer bestimmt die Leitlinien für das künftige Zusammenleben. Demgemäß ist es die Aufgabe des Menschen, stets klare Grenzen zwischen Erlaubtem und Verbotenem zu ziehen und das Interesse des Welpen auf wünschens- und erstrebenswerte Ziele zu lenken. Stimmungsabhängige Inkonsequenz verunsichert den jungen Hund, und der Mensch setzt so seine Autorität aufs Spiel. Mangelnde Ausgewogenheit und Beharrlichkeit im menschlichen Verhalten verleiten einen Hund nur allzu leicht dazu, gegen die zu viele Schwächen zeigende Leitfigur aufzubegehren. Denn um sich dem Rudelführer bereitwillig unterzuordnen, muß dessen Integrität und Vertrauenswürdigkeit stets gewahrt bleiben.

Am wirkungsvollsten lassen sich Lerneffekte erreichen, indem man das Interesse des Welpen an allem Neuen weckt und so dessen natürliche Neugier befriedigt. Auf diese Weise beinhaltet Erziehung eine lustvolle Komponente. Wie bei allen Lebewesen stimuliert schließlich auch beim Hund das Lernen durch Erfolg eigene innere Impulse am stärksten, und der Welpe wird motiviert, in seiner Entwicklung rasch voranzuschreiten.

Aber natürlich sind bei weitem nicht alle Lernziele nur durch die Antriebskräfte des Hundes allein zu erreichen. Das Leben in der menschlichen Gemeinschaft bringt Erfordernisse mit sich, die dem Welpen artfremd sind und vom Menschen klar vorgegeben werden müssen. Dennoch erweist sich auch hierbei das Prinzip des positiven Lernens als das effektivste. Der Lernerfolg wird dem Hund durch *Belohnung* vermittelt. Als soziales Wesen empfindet der Welpe das Zusammenwirken mit seinem Rudelführer grundsätzlich positiv. Erfährt er nach einem gelungenen Erziehungsschritt zusätzliche Zuwendung, spornt es ihn zu weiteren Fortschritten an.

Wie sollte die Belohnung eines Hundes aussehen? Im Vordergrund steht das verbale Lob. Die Intonation des Wortes „Brav!" signalisiert dem Welpen die Freude der Leitperson. Streicheln, Abliebeln erhöhen die Wirkung. Jeder Hundebesitzer wird intuitiv, seinem Temperament entsprechend, den richtigen Weg finden. Der Gabe von Belohnungshäppchen stehe ich zögernd gegenüber. Generell empfindet ein Hund Zuwendung durch Wort oder Streicheln äußerst positiv, so daß diese Form des Lobes ihre Wirkung nicht verfehlen wird. In einigen Fällen hingegen mag dies nicht ausreichen: So kann zum Beispiel beim Einüben des Kommandos „Komm!" die Gabe eines Fleischbröckchens wahre Wunder bewirken.

Dem Prinzip der Belohnung steht das der *Bestrafung* gegenüber. Zweifellos ist das Lernen durch Erfolg am effektivsten. Aber es werden im Laufe der Erziehung immer wieder Momente eintreten, in denen der Hund eine Begrenzung erfahren muß. Strafen müssen jedoch stets so ausgelegt sein, daß sie für den Hund verständlich sind, d. h. beim Welpen muß eine Missetat sofort bestraft werden, damit er den Zusammenhang zwischen dem Fehlverhalten und der Maßregelung erkennen kann. Ein Welpe hat in Abwesenheit seines Herren beispielsweise ein Buch zerfleddert und danach ausgiebig geschlafen; bei der Heimkehr seines Rudelführers freut sich der Hund. Der Mensch entdeckt die Schandtat und straft den Vierbeiner spontan. In diesem Moment kann der Welpe keine Verknüpfung mehr zwischen dem angerichteten Schaden und der Bestrafung herstellen. Denn das Zeitempfinden eines Hundes differiert von dem des Menschen: Er kann nicht unterscheiden, ob eine abgeschlossene Handlung lange oder kurze Zeit zurückliegt. Im Empfinden des Welpen entsteht vielmehr eine Verbindung zwischen der freudigen

Begrüßung bei der Heimkehr des Herrn und der Strafe. So groß der Ärger über die Missetat auch sein mag, eine unbedachte, wütende Reaktion kann in einer solchen Situation mehr schaden als nützen. Die Strategie kann hier nur in der Vermeidung liegen. Es sei denn, der Welpe wird auf frischer Tat ertappt. In diesem Fall verfehlt eine Bestrafung nicht ihr Ziel!

Strafe muß jedoch artgerecht ausfallen. Ähnlich wie bei der Belohnung sollte zunächst die Stimme eingesetzt werden. Knappe Befehle wie „Nein!", „Pfui!" oder „Aus!" prägen sich beim Hund rasch ein, besonders wenn sie sich in der Tonlage deutlich von der sonstigen Intonation abheben. Eine kurze, barsche verbale Ablehnung durch den Menschen entspricht dem unter Artgenossen üblichen Knurren und Drohschnappen.

Sollte eine Maßregelung durch Worte nicht ausreichen, tut der Hundebesitzer gut daran, die Disziplinierung in Anlehnung an die im Hunderudel gebräuchlichen Methoden anzugleichen. Dazu gehören sowohl das Schütteln im Nackenfell als auch das „Über-den-Fang-Greifen". Beides wird von den Elterntieren eingesetzt, um ihren über das Ziel schießenden Nachwuchs zur Räson zu bringen. Eine weitere Möglichkeit, seinen Unmut verständlich zu machen, besteht darin, ein Spiel abzubrechen, wenn der Welpe über die Strenge schlägt und auf verbale Disziplinierungen nicht reagiert. Mit einem bißchen Fingerspitzengefühl wird jeder Hundebesitzer das richtige Maß finden, denn ganz ohne Strafen geht es in der Erziehung leider nicht. Aber man sollte nie die oberste Maxime aus dem Bewußtsein verlieren, daß positives Lernen, also Lernen durch Erfolg, stets am stärksten motiviert.

Daß der Welpe ein lernbegieriges Wesen ist, den der Mensch von klein auf fordern und fördern sollte, wurde ausgiebig behandelt. Aber – wie immer im Leben – kommt es auch bei der Hundeerziehung auf das richtige Maß der Dinge an. Vor einer Überforderng muß ausdrücklich gewarnt werden. Sowohl die physische als auch die psychische Belastbarkeit des Hundes kann individuell sehr unterschiedlich ausfallen. Beide Komponenten sind jedoch ausschlaggebend dafür, welchen Herausforderungen er gewachsen ist. Sie dürfen den Rahmen seines Leistungsvermögens nicht überschreiten. Eine Überforderung körperlicher oder auch seelischer Natur wirkt sich zumindest demotivierend, wenn nicht gar schädlich aus.

Die Lernschritte, die man dem Welpen vorgibt, sollten daher klein und klar umgrenzt sein. Bevor ein Lernziel nicht erreicht ist, sollte kein zweites angestrebt werden. Alle Übungen werden zunächst in gewohnter Umgebung durchgeführt. Hier fühlt sich der Welpe sicher und wird nicht durch fremde Außeneinflüsse abgelenkt. Wird das entsprechende Lernziel beherrscht, kann das Üben in unbekannte Umgebung verlegt werden. Nun geht es darum, das Erlernte zu verfestigen. Denn ein Hund ist nur dann verläßlich, wenn er die gegebenen Kommandos jederzeit und überall beherrscht. Und eine weitere Maßgabe ist wichtig: „In der Kürze liegt die Würze!", d. h. die Übungen sollten nie länger als eine Viertelstunde dauern. Sonst wird die Konzentrationsfähigkeit des Welpen überstrapaziert und der Lernerfolg in Frage gestellt.

Mithin kann die Erziehung eines Welpen als ein gelenktes Fördern der angewölften Lernbereitschaften verstanden werden. Die Grundlage dabei bietet die Gewöhnung an regelmäßige Lebensabläufe, die um so reibungsloser verläuft, je konsequenter sie betrieben wird. Wie das Einleben des Welpen in sein neues Heim so sollte auch das Lernen der grundlegenden Kommandos wie „Komm!", „Sitz!" u. a. als ein Schritt der Gewöhnung an ein Miteinander mit dem Menschen verstanden werden. Denn dies ist die Voraussetzung, um ein reibungsloses Zusammenwirken überhaupt zu ermöglichen, und sollte als unumstößlicher Grundsatz für jede Hundehaltung gesehen werden.

Je eher ein Hund mit allen Gepflogenheiten, denen er in seinem Leben ausgesetzt sein wird, in Berührung

Abb. 24: Im Rucksack: Rubina vom Bäketal

kommt, desto früher erhält er die Gelegenheit, sich in natürlicher Weise und spielerisch damit auseinanderzusetzen. Ein Teckelwelpe, den der Jäger von klein auf im Rucksack auf den Hochsitz trägt, verknüpft damit eine angenehme Erfahrung und wird auch als erwachsener Hund gerne darin Platz nehmen. Frühzeitige und intensive Beschäftigung mit dem kleinen Hund gestaltet das künftige Miteinander problemlos, und der Teckel dankt es seinem Herrn durch besondere Anhänglichkeit.

Im neuen Heim

Das Herauslösen aus der Wurfgeschwistergemeinschaft bedeutet für den Welpen einen gewaltigen Einschnitt in sein bisheriges Leben. Aber auch für den Menschen stellt die Entscheidung für den Hund ein einschneidendes Erlebnis dar. Er hat jedoch die Möglichkeit und zugleich auch die moralische Pflicht, sich auf dieses Ereignis angemessen vorzubereiten, denn er übernimmt fortan die Verantwortung für den vierbeinigen Gefährten. Sein Anliegen muß es daher sein, dem Welpen die ersten Schritte in sein neues Lebensumfeld so leicht und problemlos wie nur möglich zu gestalten.

Erste Autofahrt

Überwiegend werden Welpen mit dem Auto vom Züchter abgeholt. Im Idealfall ist der Welpe bereits vom Züchter im Auto transportiert worden und hat im Beisein der Mutterhündin mit der ungewohnten Situation vertraut werden können. Wie bei jeder Konfrontation mit etwas Unbekanntem vermittelt die erfahrene Gelassenheit der Mutter auch beim Autofahren ein Klima der Sicherheit und des Wohlbehagens. Doch häufig stellt die Fahrt vom Züchter ins neue Zuhause den ersten Kontakt mit dem Auto dar.

Um den Welpen von Anfang an an einen festen Platz gewöhnen zu können, sollte von vornherein eine Entscheidung, wo er sitzen soll, gefällt werden. Bei einem kleinen Hund wie dem Teckel bieten sich verschiedene Möglichkeiten für einen sicheren Transport im PKW. Im Kombi ist eine optimale Unterbringung auf der Ladefläche, die durch ein sogenanntes Hundegitter abgetrennt werden kann, gegeben. Aber ein Teckel kann im Gegensatz zu einem großen Hund ebenso gut und sicher im Fußraum oder auch auf der Rückbank liegen. Entscheidend ist, daß er lernt, im Wagen nicht herumzuspringen, sondern ruhig zu liegen; denn nur so bleibt die Sicherheit für den Fahrer gewahrt. Ganz und gar ungeeignet als Hundeplatz ist die sogenannte Hutablage in Limousinen. Zwar hat der Hund von dort die beste Übersicht, bei einem Bremsmanöver kann er jedoch nach vorne geschleudert werden und damit auch Fahrer und Beifahrer gefährden. Daß diese Position auch für den Hund eine Gefahr darstellt, muß nicht weiter erläutert werden. Verschiedentlich werden Sicherheitsgurte für Hunde angeboten. Mangels Erfahrung verzichte ich auf eine Stellungnahme.

Ferner ist darauf zu achten, daß der Hund keine Zugluft abbekommt, da dies leicht zu Bindehautreizungen und -entzündungen führt. Lernt ein Welpe von klein auf, seinen Platz nicht zu verlassen, stellt ein geöffnetes Fenster keine Gefährdung dar; denn der Hund sollte keineswegs seinen Kopf während der Fahrt herausstrecken können.

Wird der Welpe vom Züchter abgeholt, hat es sich als günstig erwiesen, wenn eine Begleitperson während der Fahrt auf den kleinen Kerl achtet. Die meisten Welpen verhalten sich ruhig, doch kann die Betreuungsperson gegebenenfalls eingreifen und den Hund auf dem ihm zugedachten Platz halten. Menschliche Zuwendung hilft auch, sollte der Welpe winseln. Denn später wird vom Hund erwartet, daß er das Fahren nicht durch Lautäußerungen stört (dazu gehört gleichermaßen, daß weder Fußgänger noch Rad- oder Motorradfahrer noch Viehherden oder sonstiges angekläfft werden!).

Durch frühzeitiges Vertrautwerden mit den Gepflogenheiten eines Transportes im Auto lernt der Dachshund am besten, daß er seinen Platz und das Fahrzeug nur nach Aufforderung verlassen darf! Schon viele Dackel mußten ihr Leben lassen, weil sie plötzlich beim Öffnen der Wagentür auf die Straße direkt vor ein vorbeifahrendes Auto sprangen. Dies sind Gefahrenmomente, die der Hund nicht erkennen kann und nur durch entsprechende konsequente Erziehung durch den Menschen ausgeschaltet werden können.

Die meisten Teckel vertragen das Autofahren völlig problemlos. Es sollte aber nicht unerwähnt bleiben, daß es speziell in der Langhaarteckelzucht einige Blutlinien gibt, die stark mit Unverträglichkeiten beim Autofahren zu kämpfen haben. Die Reaktion kann unterschiedlich intensiv vom Speicheln bis hin zum ununterbrochenen Über-

Abb. 25: „Erste Ausfahrt"

geben reichen. Der Transport im Auto wird für den Hund zur Tortur. Ich habe dies einmal erleben müssen, als ich für Freunde einen Welpen abgeholt und über 400 Kilometer im Wagen mitgenommen habe. Die Aussage des Züchters, der Welpe habe vorsorglich noch nichts zu Fressen bekommen, irritierte mich zwar, doch aufgrund der Erfahrung mit meinen Hunden wäre ich nie darauf gekommen, Derartiges zu vermuten. Schon nach wenigen Minuten Fahrt begann der kleine Rüde zu würgen, und dieser Zustand dauerte, von den vielen Pausen, die wir zur Erholung aller Beteiligten einlegten, abgesehen, in unverminderter Heftigkeit bis zu unserer Ankunft an.

Zum Glück tauchen diese Schwierigkeiten, gemessen an der Gesamtpopulation der Rasse, selten auf. Doch sollte sich ein Welpeninteressent vorsichtshalber auch nach der Fahrverträglichkeit erkundigen und äußerst hellhörig werden, wenn der Züchter dem Welpen vor der geplanten Fahrt kein Futter reicht.

Leidet ein Hund unter der „Reisekrankheit", sollte man sich vergegenwärtigen, daß wie auch beim Menschen Augenkontakt mit der Fahrumgebung beruhigend auf die Gleichgewichtsorgane einwirkt. Dadurch kann das Übelkeitsgefühl reduziert werden. Bei der Autofahrt sollte also eine Begleitperson den Teckel so auf den Arm nehmen, daß er aus dem Autofenster schauen kann. Ansonsten lassen sich die Symptome durch Medikamente (auch homöopathische Präparate) lindern, wenn nicht gar beheben. *Prinzipiell muß dieses Problem jedoch züchterisch gelöst werden!*

Die meisten Teckel genießen das Autofahren sehr, besonders dann, wenn sie positives Erleben damit verbinden. Das Auto wird gewissermaßen zu einer Heimstatt für sie. Gelegentlich erscheint es uns Menschen deshalb günstig und bequem, unseren vierbeinigen Gefährten im Auto zurücklassen zu können. Aber hierbei ist Vorsicht geboten! Zunächst muß darauf geachtet werden, daß der Hund stets über genügend Sauerstoff verfügt. Außerdem heizt sich ein Fahrzeug sehr leicht auf; es sollte daher niemals so geparkt werden, daß es im Laufe der Standzeit Sonne abbekommen könnte. Im Sommer sollte prinzipiell auf ein Zurücklassen des Hundes im Auto verzichtet werden, da im Innern des Fahrzeuges mit Leichtigkeit mehr als 50 °C erreicht werden können.

Eingewöhnung im neuen Zuhause

Welpen sind, wie hinlänglich beschrieben, äußerst lernbegierig und demgemäß allem Neuen gegenüber aufgeschlossen. Doch die Konfrontation mit der künftigen Lebenssituation stellt ein besonderes Faktum dar. Denn plötzlich sind für den jungen Hund alle Faktoren seines bisherigen Lebensumfelds verändert. So ist es in diesem Moment sehr hilfreich, wenn der neue Besitzer die Gelegenheit wahrnehmen konnte, bei wiederholten Besuchen beim Züchter bereits Kontakt zu den Welpen aufzunehmen, damit der kleine Hund mit seiner neuen Bezugsperson schon ein wenig vertraut werden konnte.

Am besten wird der Welpe morgens oder vormittags vom Züchter abgeholt. Auf diese Weise kann er sich im Laufe des Tages ausgiebig an die fremde Umgebung gewöhnen und hat sich bis zum Abend schon ein wenig eingelebt. Der Welpe braucht jetzt viel Zuwendung, aber auch genügend Ruhe, aus der er die Sicherheit gewinnen kann, das ungewohnte Umfeld kennenzulernen. So sehr es aus der menschlichen Sicht – besonders in Familien mit Kindern – verständlich ist, den neuen Hausgenossen Freunden und Nachbarn vorstellen zu wollen, sollte man dem kleinen Kerl in den ersten Stunden diesen Trubel noch ersparen. Für den Welpen ist es zunächst wichtig zu erkennen, welche Personen zu seiner direkten Umgebung gehören und ein sicheres Plätzchen für sich finden.

Die Schlafstatt ist individuell zu wählen. Hunde benötigen einen ruhigen, zugfreien Platz, an den sie sich zurückziehen können, von dem aus sie aber dennoch den Überblick über das Geschehen behalten. Es ist unbedingt empfehlenswert, daß der Mensch in der Nähe des Welpen bleibt. Diese Forderung darf nicht als Akt der Verweichlichung mißverstanden werden. Vielmehr dient diese Maßnahme der Vertrauensbildung. Denn der Hund als soziales Wesen braucht den Kontakt zum Menschen und ein Welpe in ganz besonderem Maße.

Es hat sich als günstig erwiesen, wenn im neuen Heim die bereits bekannten Freßmodalitäten beibehalten werden, um dem Welpen wenigstens ein bißchen Stabilität zu vermitteln. Verantwortungsbewußte Züchter werden entsprechende Ratschläg geben. Aber keine Sorge, wenn der Welpe während der ersten Tage wenig frißt: Denn jetzt fehlt der Futterneid! Auch beim Fressen muß sich der Welpe erste auf die veränderte Situation einstellen, denn plötzlich gibt es keine Konkurrenz mehr am Futternapf!

Viele Hundebesitzer fürchten die erste Nacht mit dem neuen Hausgenossen. Gelegentlich winselt ein Welpe, wenn er in der Stille nun die Nestwärme, die er mit den Wurfgeschwistern erlebt hat, vermißt und sich seiner Isolation bewußt wird. Ich gebe den Welpenkäufern stets ein Tuch oder eine Decke mit, auf dem die Welpenschar geschlafen hat, für das neue Hundelager, damit der Welpe zumindest ein wenig vertraute, heimische Witterung um sich hat. Ansonsten überwindet der junge Hund diese Umstellungsphase am schnellsten durch menschliche Zuwendung.

In den ersten Tagen benötigt der Welpe besonders viel Kontakt mit den neuen Bezugspersonen und sollte möglichst wenig allein gelassen werden, damit er ein Gefühl der Geborgenheit bekommt.

Die gemeinschaftlichen Unternehmungen mit den Artgenossen während der Sozialisierungsphase vermitteln ein Gefühl der Sicherheit. Genau in diesen Entwicklungsabschnitt fällt die Trennung von der Wurfgeschwistergemeinschaft. Deshalb muß nun der Mensch dafür Sorge tragen, dem jungen Hund im veränderten Umfeld eine vergleichbare Atmosphäre zu schaffen.

Die Gewöhnung an das zeitweise Alleinbleiben erfolgt dann sukzessive und, der Akzeptanz der neuen Umgebung entsprechend, meist völlig problemlos. Aber auch an dieser Stelle soll der Hinweis nicht fehlen, daß das Alleinsein für ein soziales Wesen wie den Hund prizipiell einen artwidrigen Zustand darstellt und Verlassenheitsängste hervorruft, die zu starken Verunsicherungen im Wesen führen können. Dessen sollte sich ein Hundehalter stets bewußt sein und den Gewöhnungsprozeß entsprechend anlegen. Wer hingegen weiß, daß sein Hund während langer Phasen des Tages ohne Betreuung sein muß (etwa wegen Berufstätigkeit), handelt gut daran, gänzlich auf einen eigenen vierbeinigen Gefährten zu verzichten.

Stubenreinheit

Ein Welpe verfügt über den Trieb, sein eigenes Terrain nicht zu beschmutzen. Schon in der dritten Lebenswoche versucht er, sein Lager zu verlassen, um sich außerhalb zu lösen. Auch später im Zwinger kann man feststellen, daß sich die Exkremente überwiegend am Rand der Anlage befinden. Wird dieser Drang, das Lebensumfeld sauber zu halten, nicht frühzeitig durch falsche Haltung der Welpen durchbrochen, braucht der neue Hundebesitzer diesen angewölften Instinkt nur weiterhin zu unterstützen.

In der Praxis wird dieser Weg allerdings nicht ganz so gradlinig verlaufen. Denn zunächst ist für den Welpen alles neu, und es wird einige Zeit vergehen, ehe er die unbekannte Umgebung als sein Terrain erkennt.

Prinzipiell gibt es drei Zeitpunkte, zu denen der Welpe immer seine Blase leeren muß: sofort nach jedem Erwachen, direkt nach dem Fressen und nochmals etwa eine halbe Stunde danach. Die weiteren Male sind individuell unterschiedlich, und es bedarf der Aufmerksamkeit des Besitzers, einen eigenen Rhythmus für das Sauberwerden zu finden. Jeder muß für sich entscheiden, ob er seinen Hund prophylaktisch in regelmäßigen Abständen (ca. zwei Stunden) hinausführt oder ob er ihn lieber genauestens beobachtet und dann im Bedarfsfall hinausbringt.

Wichtig ist, daß der Welpe von Anfang an lernt, sich draußen zu lösen. Gab es beim Züchter die Möglichkeit, auf Zeitungspapier die Notdurft zu verrichten, kann es für den jungen Hund sehr hilfreich sein, einige Bogen in die Nähe der Wohnungs- bzw. Haustür zu legen. Der Welpe wird bemüht sein, dorthin zu eilen, und es ist dann die Aufgabe des Hundebesitzers, dies rechtzeitig zu erkennen und den kleinen Kerl noch rasch rauszubringen.

Es wird kaum vermeidbar sein, daß hin und wieder dennoch mal ein Malheur auf dem Teppich geschieht. Welpenurin hinterläßt noch keine Flecken. So eine kleine

Pfütze ist mit einigen Lagen Zellstoff schnell aus der Auslegware aufgesaugt. Kurzes Ausreiben mit Essigwasser nimmt den Geruch, so daß sich der Welpe gar nicht erst animiert fühlt, diese Stelle zu seinem Stammplatz zu erkören.

Ertappt man den Welpen auf frischer Tat, straft man ihn durch ein scharfes „Pfui!", eventuell durch ein kurzes Schütteln am Nackenfell, und trägt ihn sofort nach draußen, wo er sein Geschäft verrichten soll. Denn der junge Hund soll nicht nur das Verbotene, sondern auch den richtigen Weg erkennen können. Nachträgliches Strafen ist wenig sinnvoll, da meist der Zusammenhang zwischen dem Fehlverhalten und der unangenehmen Reaktion nicht mehr rekonstruierbar ist.

Erfahrungsgemäß schlafen Welpen nachts sehr schnell durch und verlangen demgemäß auch nicht, hinausgeführt zu werden. Wer sichergehen möchte, kann den kleinen Hund in einem geschlossenen Korb oder einer Transportkiste schlafen lassen. Er wird sich im Fall der Fälle bemerkbar machen, denn er will sein Lager ja nicht beschmutzen. Diese Variante ist aber ausschließlich für Hundehalter mit leichtem Schlaf zu empfehlen. Wird der Welpe nicht ganz sicher gehört, leidet er entsetzliche Qualen!

In den meisten Fällen regelt sich das Problem der Stubenreinheit sehr schnell. Normalerweise kann man davon ausgehen, daß ein Welpe im Alter von vier Monaten relativ zuverlässig sauber ist. Dennoch gibt es gelegentlich „Spezialisten", die sich vor allem in der Anfangsphase strikt weigern, draußen, also außerhalb von Haus und Wohnung, ihr Geschäft zu verrichten. Denn mit jedem Lösen draußen setzt der Hund zugleich eine Markierung, die anderen seine Existenz offenbart. Dieses Verhalten beruht auf der Verunsicherung, die der Welpe aufgrund des Verlustes des Rudels der Artgenossen in der unbekannten Umgebung empfindet. Er fühlt sich schutzlos und alleingelassen und will sich vermeintlichen Feinden nicht ausliefern. Der Welpenbesitzer muß jetzt vor allem Geduld aufbringen und den Welpen natürlich weiterhin regelmäßig ausführen. Hat sich der junge Hund einmal draußen gelöst, ist es sinnvoll, ihn immer wieder an diese Stelle zu führen, da er hier nun ja auch seine eigene Witterung findet. Meist ist der Knoten dann schnell geplatzt.

Die Verknüpfungen, die bei Welpen gelegentlich entstehen, sind erstaunlich. Meine Hündin Quaste war schnell sauber geworden, so daß ich kein Problem darin sah, sie im Alter von vier Monaten mit auf Reisen zu nehmen. Doch am Urlaubsort verrichtete sie ihr Geschäft stets in der Ferienwohnung. Quaste war absolut „straßen- und waldrein", egal wie lange wir draußen waren. Manchmal „rettete" sie sich nur noch in die Wohnung, so dringend war ihr Bedürfnis. Daß die fremde Umgebung daran schuld sein sollte, wollte ich nicht glauben, denn einerseits reagiert ein viermonatiger Welpe nicht mehr so stark auf Unbekanntes, andererseits hatte ich noch eine andere Hündin dabei, so daß sich Quaste im Schutze eines „Kleinstrudels" befand. Ich war schon ganz verzweifelt, bis ich am dritten Tag hinter des Rätsels Lösung kam. Mir fiel auf, daß Quaste nie direkt nach Betreten der Wohnung ihrem Bedürfnis, sich zu lösen, nachkam, sondern immer erst, wenn sie vom Riemen abgemacht war: Quaste hatte ihr Geschäft noch nie an der Leine verrichten müssen! Nachdem sie sich dann einmal, freilaufend, ein Plätzchen draußen auserkoren hatte, war der Bann gebrochen, und es klappte fortan auch angeleint.

Dieses Beispiel veranschaulicht, daß sich auch für ein scheinbar unverständliches Problem eine Lösung finden läßt. Ich hatte mich während dieser Zeit selbst stark unter Druck gesetzt, rasch Abhilfe zu finden. Mit etwas mehr Gelassenheit wären mir die Zusammenhänge vielleicht sogar schneller bewußt geworden. Es waren nur zwei Tage, die diese Irritation anhielt, aber seinerzeit erschien mir diese Zeitspanne unendlich lang. Ruhe und Kontenance, Ausdauer und Geduld des Hundehalters sind auch hierbei der Schlüssel zum Erfolg! Gespräche mit anderen Hundebesitzern und Ratschläge von erfahrenen Züchtern können zusätzlich sehr hilfreich sein.

Gehorsam

Im allgemeinen eilt dem Teckel der Ruf voraus, er sei nur schwer zu erziehen, habe einen Kopf für sich. Der Verdacht liegt allerdings nahe, daß manch ein Dackelbesitzer dies zum Vorwand nimmt, es mit der Erziehung gar nicht erst zu versuchen. Es stimmt, daß der Dachshund über ein starkes Selbstbewußtsein verfügt, denn bei der Bodenjagd auf Fuchs oder Dachs ist er ganz auf sich gestellt. Dennoch werden Erziehungsmaßnahmen, wenn sie rechtzeitig und konsequent vorgenommen werden, beim Teckel wie beim Vertreter jeder anderen Rasse Erfolg zeigen. Denn der Gehorsam, den der Hund seinem Herrn entgegenbringt, erleichtert nicht nur dem Menschen das Miteinander; vielmehr präsentiert sich der Hundebesitzer dem Hund so auch als Rudelführer, der die Leitlinien vorgibt und dadurch die entsprechende Akzeptanz erfährt.

Je früher man mit den Gehorsamkeitsübungen beginnt desto besser. Dabei gelten für die „Arbeit" mit dem Welpen bestimmte Grundsätze:
– Lernen am Erfolg ist stets am effektivsten, deshalb die Übungen immer im Positiven beenden!
– Nie zu lange und nie zu oft üben!
– Stets die gleichen Kommandos benutzen: Sie müssen klar, kurz und prägnant sein! Seien Sie konsequent!
– Zunächst nur im vertrauten Terrain üben, da sonst die Ablenkungen zu groß sind!
– Zwar muß die ganze Familie die Erziehungsziele mittragen, aber: es arbeitet stets nur ein und dieselbe Person mit dem Welpen!
– Loben Sie Ihren Teckel für erbrachte Leistungen!

Das Kommando „Komm!"

Hierbei handelt es sich um ein ganz zentrales Kommando. Beim Üben des Herankommens darf der Welpe *nie* gestraft werden, selbst dann nicht, wenn man sich zuvor über ihn geärgert hat. Da ihn die Strafe erst treffen könnte, wenn er den Menschen erreicht hat, würde sie ein falsches Signal setzen.

Das Kommando „Komm!" läßt sich unter Ausnutzung der Begeisterung, die der Welpe über die Nähe und Zuwendung der Bezugsperson empfindet, leicht einüben. Ist der ganz junge Hund abgelenkt, kann zusätzliches In-die-Hände-Klatschen und/oder in-die-Hockstellung-Gehen einen positiven Effekt zeigen. Sobald der Welpe die Aufgabe einigermaßen beherrscht, empfiehlt es sich, den Befehl „Komm!" mit einem Pfeifsignal zu verbinden. So lernt der Hund das Kommando und den Pfiff miteinander zu verknüpfen.

Kürzlich organisierte ich ein Welpentreffen. Seit der Trennung der Wurfgeschwister begegneten sich die Welpen erstmals wieder und tollten entsprechend übermütig miteinander herum. Mitten in das Spiel hinein ertönte ein Pfiff, und der dreizehnwöchige Artus reagierte sofort: Er verließ das bunte Treiben und lief äußerst freudig zu seinem Herrn. Dieses Verhalten war sicher überdurchschnittlich, aber gerade deshalb so bemerkenswert, weil der Welpe keineswegs unterwürfig, sondern voller Freude seinem Besitzer entgegenstrebte. Das bewies, wieviel Vertrauen zwischen Hund und Führer vorhanden ist. Begünstigt wurde dieser Erfolg sicher durch das Wesen des kleinen Artus, der zu jener feinfühligen und anhänglichen Spezies Hund gehört, der man nachsagen möchte, sie wollte ihrem Herrn jeden Wunsch von den Augen ablesen.

Zweifellos übt die gesamte Umwelt einen faszinierenden Reiz auf Welpen aus. Ein Gebüsch, ein Laubhaufen oder eine Mülltonne können viel interessanter sein als ausgerechnet der Ruf „Komm!". Da kann auch noch so freudiges Rufen und Animieren, selbst die Gabe von Belohnungshappen vergeblich sein. In solchen Fällen sollte man sich einer kleinen List bedienen. Während der Hundehalter das Kommando sagt, wirft er etwas (eine Wurfkette, ein Schlüsselbund o. ä.) in die Richtung des Hundes. Der Welpe braucht gar nicht zu merken, woher das „Geschoß" kam; das Ziel ist auch nicht, den Welpen damit zu treffen. Allein das überraschende Geräusch des neben ihm aufschlagenden Gegenstandes wird ihn derart beeindrucken, daß er gern zu seinem Herrn zurückkehrt.

Jetzt muß selbstverständlich ein ausgeprägtes Lob erfolgen, damit der Welpe eine positive Verknüpfung mit dem Kommando „Komm!" herstellen kann. Der „verlängerte Arm" des Rudelführers hilft also, das Prinzip des Lernens am Erfolg auch hierbei aufrechtzuerhalten.

Manche Hundehalter begehen den Fehler, den Welpen nicht von der Leine zu lassen. Sie glauben, dies dürfe erst beim erwachsenen, erzogenen Hund erfolgen. Dann allerdings ergibt sich auch keine Möglichkeit, dem Welpen das Herankommen beizubringen. Gerade beim jungen Hund ist die Neigung, sich nicht weit vom Menschen zu entfernen, noch sehr ausgeprägt, denn der Rudelführer ist der Garant für Rückhalt und Sicherheit. Diese Gegebenheit sollte unbedingt genutzt werden, um dem Welpen das „Komm!" zu lehren. Vorausgesetzt, daß Gelände ist überschaubar und auch verkehrssicher, tut man deshalb gut daran, den jungen Teckel frei laufen zu lassen. Ein erwachsener Hund, der bereits in sich selbst ruht und auch um die „wahrhaft interessanten Dinge im Hundeleben" weiß, wird, einmal vom Riemen, seine Freiheit zu nutzen wissen und sich wenig um die Gehorsamskeitsbemühungen seines Herren scheren. Je früher ein Hund das Herankommen auf Ruf oder Pfiff dagegen sicher beherrscht, desto leichter wird er sich auch später im Revier von einer frischen Fährte oder Spur abrufen lassen.

Vom Kommando „Sitz!" zum „Ablegen"

Das Sitzen läßt sich leicht in der vertrauten Umgebung des Hauses mit einem Welpen üben unter Ausnutzung der Spannung, die die Zubereitung und Gabe des Futters in dem Welpen auslöst. Beim Kommando „Sitz!" drückt man sein Hinterteil herunter. Sobald der Welpe sitzt, erhält er sein Futter oder eine kleine Leckerei. Wenn er es begriffen hat, läßt man ihn ein Weilchen sitzen, bevor er die Belohnung bekommt.

Allmählich kann der Schwierigkeitsgrad beim Üben gesteigert werden: Der Welpe muß lernen, auch unter ablenkenden Umweltbedingungen das Kommando auszuführen. So sollte ihm beigebracht werden, sich beim Erreichen eines Bordsteins auch ohne Aufforderung zu setzen. Diese Verhalten erhöht die Sicherheit im Straßenverkehr immens.

Bereits in dieser frühen Phase des Lernens hat es sich bewährt, das akkustische Kommando mit einem optischen zu koppeln. Zur Aufforderung „Sitz!" zeigt der Hundeführer die gestreckte Hand. Später im Revier kann man den Hund so auch auf weite Distanz zum Sitzen veranlassen.

Beim Teckel kann nun direkt zum Ablegen übergegangen werden. Man zieht dazu dem an der linken Seite sitzenden Hund behutsam die Vorderläufe nach vorne, so daß er in die gewünschte liegende Position kommt, legt die Hand auf den Widerrist und sagt das Kommando „Ablegen!" (oder auch „Bleib!"). Bei erfolgreicher Ausführung wird der Welpe gelobt, und ähnlich wie beim „Sitz!" muß nun die Ausdauer gesteigert werden.

Im nächsten Übungsschritt soll der Welpe lernen, alleine abzuliegen. Zunächst entfernt sich der Hundeführer nur wenige Schritte von dem Hund, die Distanz wird allmählich gesteigert und schließlich verschwindet der Mensch aus der Sichtweite des abgelegten Teckels. Um den Erfolg auch in dieser letzten Phase des Übens sicherzustellen, ist es zweckmäßig, eine Hilfsperson dabei zu haben. Sie hält sich so verborgen, daß der Hund auch keine Witterung von ihr bekommen kann. Sollte er sich von seinem Platz entfernen wollen oder auch anfangen zu winseln oder bellen, kann der Helfer dazueilen und das Fehlverhalten korrigieren.

Entscheidend ist, daß der abgelegte Hund niemals aus der Ferne abgerufen wird. Vielmehr holt ihn der Hundeführer stets von seinem Platz ab! Auch sollte schon der Welpe immer an einem Gegenstand wie einem Rucksack oder auf einer Jacke abgelegt werden. Einerseits wird das momentane Lernen erleichtert, weil der Hund auf diese Weise die vertraute Witterung seines Herrn behält, andererseits wird so ein nützlicher Effekt für den künftigen Jagdbetrieb erzielt. Wenn der Hund später einmal bei der Drückjagd ausbleiben sollte und der Hundeführer ihn an der Stelle, von wo er geschnallt wurde, nicht erwarten kann, legt er sich am ausgelegten Gegenstand ab und erwartet seinen Führer.

Teckel gelten als frühreif und sollten auch schon frühzeitig in ihren Anlagen gefördert werden. Welchen Hundebesitzer erfüllt es nicht mit Stolz, wenn sein Schützling rasche Erfolge erzielt? Aber auch in diesem Zusammenhang soll vor einer Überforderung gewarnt sein.

Einen dreimonatigen Welpen mit zum Ansitz zu nehmen, um ihn auf der Kanzel an die nötige Ausdauer zu gewöhnen, ist gewiß sehr nützlich. Doch kürzlich berichtete mir ein Jäger stolz, seine Adele würde mit ihren 15 Wochen ohne weiteres drei Stunden am Fuße seiner Ansitzleiter sitzen, nur leider gelegentlich beim Anblick von Wild wuffen.

Die Leistung des jungen Hundes ist zweifellos zu bewundern, doch zeigt dieses Beispiel deutlich den Balanceakt zwischen angestrebtem Lernziel und der möglichen Überforderung. In diesem Alter strömen noch so viele neue Eindrücke auf den Welpen ein, die erst verarbeitet sein wollen. Das Abliegen unter dem Hochsitz ist

Abb. 26: „Sitz"

Abb. 27: „Ablegen"

andererseits noch nicht so sicher in Fleisch und Blut übergegangen, als daß sich der junge Hund nicht mehr darauf konzentrieren müßte. Es ist günstiger, den Welpen an der Seite seines Herrn an den Anblick von Wild zu gewöhnen. Die streichelnde Hand bestätigt den Hund zugleich darin, weiterhin ruhig auszuharren. Sonst kann das Wuffen des Welpen als Zeichen seiner momentanen Verunsicherung leicht zur Unart des Kläffens ausweiten. Damit hätte der frühe Erfolg des Ablegens ins Gegenteil umschlagen können.

Dieses Beispiel verdeutlicht aber auch, wie hilfreich es sein kann, wenn Welpenkäufer und Züchter über den Abgabetermin des Welpen hinaus im Gespräch bleiben.

Das Kommando „Fuß!"

Dem Erlernen des Fußgehens müssen einige Lernprozesse vorausgehen. Zunächst muß der Welpe an das Tragen einer Halsung, dann an das Gehen an der Leine, am Riemen gewöhnt werden. Für den erwachsenen Teckel sind *begrenzte* Würger aus qualitativ hochwertigem Leder am besten geeignet, die sich einerseits leicht über den Kopf streifen lassen, sich andererseits beim Laufen paßgerecht zusammenziehen, wobei der Stopring dafür sorgt, daß der Hund nicht gewürgt wird. Dazu gehört eine Umhängeleine, so daß der Jäger beim Pirschen die Hände frei hat.

Für den Welpen haben sich dagegen Halsbänder und Leinen aus Nylonmaterial am meisten bewährt. Sie sind leicht, weich und vor allem stufenlos verstellbar. Welpen reagieren unterschiedlich auf das erste Anlegen eines Halsbandes: Einige scheinen die Veränderung gar nicht zu bemerken, andere kratzen sich ununterbrochen mit dem Hinterlauf am Hals. Zeigt der kleine Hund eine starke Reaktion, empfehle ich, das Anlegen der Halsung entweder während eines intensiven Spiels, bei dem der Welpe anderweitig abgelenkt ist, oder aber im Schlaf vorzunehmen. Im allgemeinen ist die Gewöhnungsphase sehr kurz.

Nun lernt der Welpe die Leine kennen, durch die seine Bewegungsfreiheit eingeschränkt wird. Bei einem temperamentvollen Hund, der an das freie Herumtoben gewöhnt ist, kann dies einige Schwierigkeiten bereiten. Gewöhnt man den Welpen jedoch schon mit dem Einleben in das neue Lebensumfeld daran, sind die Ablenkungen ringsum so groß, daß er kaum Notiz von der Leine nehmen wird. Man hält den jungen Hund so, daß die Leine locker, ohne Zug hinunterhängt. Auf diese Weise gestaltet sich der Gewöhnungsprozeß unkompliziert und spielerisch. Nimmt der Welpe hingegen den Widerstand, den eine straffe Leine darstellt, wahr, wird er versuchen, dagegen anzukämpfen, indem er daran zieht, sich dagegenstemmt, „Bocksprünge" unternimmt oder hineinbeißt. Dem muß der Mensch mit viel Geduld entgegenwirken, nur kurzfristige Übungen vornehmen, die keinen Zwang auf den Welpen auswirken. Das Beißen in die Leine muß unbedingt unterbunden werden, weil dies leicht den Anfang für ein Leinenkauen darstellt.

Das anfängliche Bedürfnis des Welpen, dicht bei der neuen Bezugsperson zu bleiben, sollte ausgenutzt werden. Viele Welpen suchen Fersenkontakt, „kleben am Hacken". Verbindet man diesen Vorgang jetzt mit dem Kommando „Fuß!" und einem Lob, fördert man die Freude an der menschlichen Zuwendung und vermittelt das Kommando auf spielerische Weise.

Im weiteren wird das Fußgehen an der Leine geübt. Lassen Sie sich nicht von Ihrem Hund führen, sondern führen Sie ihn! Der Teckel bleibt dabei stets auf der linken Seite des Hundeführers. Dabei wird das Kommando „Fuß!" mit dem Lob „Brav!" bestätigend wiederholt. Prescht der Hund vor, wird er durch einen kurzen Ruck mit der Leine gebremst und er hält die Ermahnung „Fuß!" im schärferen Ton. Einen erwachsenen Teckel, der die Leinenführigkeit beherrscht, aber gelegentlich von seinem Temperament übermannt wird und sich in den Riemen legt, stoppe ich, indem ich meinen linken Fuß nach außen drehe, so daß er für ihn ein überraschendes Hindernis darstellt.

In einer weiteren Etappe der Leinenführigkeit wird die Aufmerksamkeit des Hundes geschult. Der Teckel soll lernen, auf das Tempo und den Gang seines Führers zu achten und sich ihm anzupassen. Durch gelegentliches Stehenbleiben und das Kommando „Sitz!" wird die Konzentration angeregt. Ferner muß der Hund dazu angeleitet werden, Hindernisse auf der gleichen Seite zu nehmen wie sein Führer, damit nicht der eine links, der andere rechts vom Baum passiert, und die gespannte Leine schließlich die beiden am Weitergehen hindert. Gut einstudiert, wird die Führigkeit dann auch frei am Fuß, also ohne Leine, funktionieren.

Sind all diese Hürden gemeistert, ist unser Teckel ein idealer und aufmerksamer Begleiter auf der Pirsch. Im Revier wird es eine Frage des Vertrauens des Jägers in seinen Hund und in die Sicherheit sein, ob man sich fürs Pirschen frei oder angeleint entscheidet.

An dieser Stelle möchte ich jedoch allen Hundebesitzern dringend anraten, ihren Hund außerhalb des eigenen Grundstücks angeleint zu lassen. Das Führen an der Leine stellt zweifelsohne eine Beschränkung der Bewegungsfreiheit dar. Viele Hundehalter möchten ihrem Schützling Freiheit gewähren und lassen ihn in Feld und Flur frei laufen. Dies geschieht in guter Absicht, aber leider meist auch in Unwissenheit um die Abläufe in der Natur. Zivilisationsbedingt, sind die Lebensräume der wildlebenden Tiere heute sehr beengt, und auch ein kleiner Hund wie der Teckel kann über die Beunruhigung hinausgehenden Schaden anrichten. Wer bedenkt schon, daß ein Rauherpel (Erpel in der Mauser) im Frühsommer flugunfähig ist und damit eine leichte Beute für einen am Seeufer entlangtollenden Dackel? Schwarzwild ist gefürchtet, weil eine Bache ihre Frischlinge vehement gegen Störenfriede verteidigt. Kitze oder Junghasen hingegen werden rasch Opfer wildernder Hunden. Nicht ohne Grund hat deshalb der Gesetzgeber festgelegt, daß sich Hunde im Einwirkungsbereich des Führers befinden müssen, was durch ein konsequentes Führen an der Leine am besten gewährleistet ist.

Darüberhinaus erfordern die Gegebenheiten in der heutigen Zivilisationslandschaft mit dem engen Wegenetz und dem hohen Verkehrsaufkommen die Einhaltung dieser Regel auch außerhalb von Feld und Flur. Auch ein Hund mit gutem Appell kann der Versuchung unterliegen, einem überraschend auftauchenden Reiz folgend, plötzlich über die Straße zu laufen. Die Gefährdung, die dann von ihm ausgehen kann, ist zu groß, als daß die Verantwortung hierfür auf die leichte Schulter genommen werden kann. Das „bißchen Freiheit" ist es nicht wert, dafür das Leben seines Teckels aufs Spiel zu setzen oder möglicherweise gar unschuldigen Dritten Schaden zuzufügen.

Einsatz von Zwangsmitteln

Die Betrachtungen zum Thema Erziehung sollen nicht beendet werden, ohne den Einsatz von sogenannten Teletaktgeräten angeschnitten zu haben.

Bei Teletaktgeräten handelt es sich um kleine Funkempfänger, die an einer Spezialhalsung befestigt werden. Bei Fehlverhalten kann der Hundeführer durch Betätigung des Senders, den er trägt, dem Hund einen Stromstoß als Strafe verpassen. Der Vorteil besteht also darin, daß der nicht gehorsame Hund selbst auf große Distanz sofort gestraft werden kann. Doch ich möchte eindringlich vor dem Gebrauch des Teletaktgerätes warnen, da, wie ich gleich ausführen werde, die Möglichkeiten eines effektiven Einsatzes einerseits eng begrenzt sind, andererseits das Risiko negativer Auswirkungen unangemessen hoch ist.

Das Teletaktgerät darf niemals zum Einsatz kommen bei Arbeiten, die vom Hund Konzentration, Finderwille, aktive Kooperation und Ausdauer verlangen. Bei derartigen Aufgaben kann ausschließlich Motivierung, Unterstützung und Geduld durch den Hundeführer zu einer Optimierung der Leistung fühen. Ein durch das Teletaktgerät ausgelöster Stromschlag hingegen hat begrenzende Wirkung. So wäre die Benutzung des Teletakts beispielsweise bei der Nachsuche gänzlich ungeeignet. Auf Übungsfährten, die dem Hundeführer in ihrem Verlauf bekannt sind, könnte ein Hund, der Verleitfährten anfällt, durch Stromstöße in seinem fehlerhaften Verhalten zwar korrigiert werden, doch zugleich würde er verunsichert und ihm der Finderwille verleidet werden. Die Konsequenz daraus käme allerdings erst auf einer tatsächlichen Kranksuche zum Tragen, wenn nämlich der Hundeführer auf den Finderwillen und die aktive Kooperationsbereitschaft des Hundes angewiesen ist und er den Hund nicht mehr die Fährte entlangdirigieren kann. Ebensowenig kann einem Teckel mit Hilfe des Teletaktgerätes eine mangelnde angewölfte Anlage wie z. B. der Spurlaut antrainiert werden.

Der Einsatz eines derartigen Zwangsmittels beschränkt sich also auf die Gehorsamskeitsfächer, um bei dem Hund ein Fehlverhalten zu bestrafen. Das wiederum setzt voraus, daß der Hund eine Ausbildung durchlaufen hat, in der er gelernt hat, was er darf oder was er nicht darf, auf welches Kommando er wie reagieren soll. Denn eine Strafe darf nur dann erfolgen, wenn der Hund gegen eine erlernte Regel verstoßen hat, also er gewissermaßen sein eigenes Verhalten als verfehlt einschätzen kann.

Beginnt die Erziehung im Welpenalter und wird mit genügender Nachhaltigkeit und Konsequenz betrieben, wird jeder Hundebesitzer rechtzeitig adäquate Möglichkeiten zur Begrenzung seines Hundes finden, so daß es erst gar nicht zu derart eklatanten Verstößen beim erwachsenen Tier kommen wird. Ein einmaliges Vergehen wird der

Hundeführer zwar mit Recht unwirsch quittieren, stellt aber trotzdem noch längst keinen Anlaß dar, über ein Teletaktgerät nachzudenken.

Treten ganz gravierende Verstöße im Gehorsam auf, läßt dies auf ein Versagen des Hundeführers in der Erziehung schließen. Nur in solch einem Extremfall sollte über die Anwendung von Zwangsmitteln nachgedacht werden. Aber auch dann gehört ein Teletaktgerät niemals in die Hand eines Erstlingsführers, sondern sollte nur von einem verantwortungsvollen, erfahrenen Menschen mit ausgeglichenem Temperament und viel Hundeverstand eingesetzt werden, dabei unüberlegtem Gebrauch der Schaden immens sein kann.

Das Erlernen grundlegender Kommandos, die vom Hund bedingungslos akzeptiert werden müssen, ist eine absolute Notwendigkeit für ein reibungsloses Miteinander von Mensch und Hund und muß jagdlicher Abrichtung vorangestellt werden. Bei frühzeitiger, artgerechter und sachgemäßer Anleitung, wird sich auch ein „eigenwilliger", selbstbewußter Teckel als äußerst lernwilliger und leichtführiger Jagdhund erweisen.

Der Teckel im jagdlichen Einsatz

Der Teckel ist bekanntlich ein sehr vielseitig einsetzbarer Jagdgebrauchshund. Zu seinen hauptsächlichen Aufgaben gehören die Arbeit auf der Rotfährte, das Stöbern und die Baujagd. Der Dachshund wird all diesen Anforderungen gerecht.

Für die einzelnen Aufgabenbereiche werden sehr unterschiedliche Fähigkeiten benötigt, deren Grundlage im Wesen verankert ist. Entsprechende Tendenzen lassen sich bereits im Welpenalter erkennen. Ein erfahrener Züchter kann hilfreiche Ratschläge bei der Auswahl des Welpen geben, wenn der Hund später nur schwerpunktmäßig im Revier eingesetzt werden soll. Denn ein Teckel, der erstklassige Arbeit unter der Erde zeigt, wo er ausschließlich auf sich allein gestellt ist, wird bei der Suche auf der Schweißfährte, die die Zusammenarbeit mit dem Hundeführer verlangt, etwas schwer tun. Hingegen sollte man von einem Nachsuchenteckel, der sich durch besondere Fährtensicherheit und Finderwillen auszeichnet, keine überdurchschnittlichen Stöberleistungen erwarten; zu gegensätzlich sind die Anforderungen. Wer also einen Teckel besitzt, der eine außergewöhnliche Begabung für eine dieser Aufgaben zeigt, sollte stolz darauf sein und sich auf diesen Einsatzbereich konzentrieren.

Nachsuchenarbeit

Die Nachsuchenarbeit der Jagdgebrauchshunde stellt über den *gesetzlichen Rahmen* hinaus einen nicht zu unterschätzenden *wirtschaftlichen Faktor* innerhalb der Jagd dar. Wieviel Wild durch brauchbare Hunde jährlich vor dem Verludern gerettet und der Verwertung zugeführt wird, ist bislang nicht exakt festgestellt, geht jedoch in die Millionenbeträge hinein.

Für den Hundeführer zählt vor allem die Verantwortung dem Wildtier gegenüber, der Kreatur unnötiges Leiden zu ersparen. Um diesem Anspruch gerecht werden zu können, ist ein umfangreiches Wissen erforderlich.

In Berichten über erfolgreiche Nachsuchen wird überwiegend die Leistung des Hundes hervorgehoben. Für den Anfänger kann dabei der falsche Eindruck entstehen, das gute Resultat sei ausschließlich von der Arbeit des Hundes abhängig. Der Erfolg einer Nachsuche ist maßgeblich von einer guten Zusammenarbeit von Hund und Führer abhängig. Kenntnisse, durch die der Hundeführer entscheidend zum Erfolg einer Nachsuche beiträgt, noch ehe der Hund überhaupt zur Fährte getragen wird.

Deshalb sollen nachfolgend zunächst Aspekte angesprochen werden, die für den Hundeführer von Belang sind, die Voraussetzung für eine erfolgreiche Nachsuchenarbeit zu schaffen, ehe dann die Ausbildung des Teckels für die Schweißarbeit behandelt wird.

Grundlagen für die Arbeit auf der Wundfährte

Zunächst stellt sich die Frage, warum Hunde überhaupt einer Rotfährte folgen. Der Geruchssinn spielt im Leben des Hundes eine weitaus größere Rolle als beim Menschen. Durch die Anzahl der in der Nasenschleimhaut befindlichen Riechzellen (Hunde: 150 bis 500 Millionen; Mensch: ca. 15 Millionen) und der daraus resultierenden größeren Riechfläche verfügt er über ein viel ausgeprägteres Geruchsvermögen als der Mensch: Hunde reagieren bereits auf weniger als 10 000 Moleküle Buttersäure pro cm^3 Luft, während Menschen erst eine millionenfach stärkere Konzentration, etwa $7-10^9$ Moleküle pro cm^3 Luft, wahrnehmen.

Dieser stark ausgebildete Geruchssinn wird für die Nachsuchenarbeit genutzt. Während sich der Mensch vorwiegend auf optische Wahrnehmungen beschränken muß, bieten sich dem Hund eine Fülle von unterschiedlichen Gerüchen. Die Hundenase filtert aus dem Konglomerat der in der Luft befindlichen Duftstoffe die Individualwitterung des kranken Stückes heraus, die sich wiederum aus den Einzelgerüchen wie Absonderungen der Hautdrüsen, Zersetzungsprodukten des Schweißes, Schnitthaar, Schaleneingriffen etc. zusammensetzt. Der Hund riecht diese einzelnen Teile nicht an sich, sondern nimmt die unterschiedliche Zusammensetzung an Butter-, Milch- und Ameisensäure sowie anderer organischer Säuren wahr. So entwickelt jede Fährte ihre individuelle Witterung.

Die Duftwolke liegt nicht statisch über einer Fährte, sondern wird durch Faktoren wie Wind und Bodenbeschaffenheit beeinflußt. Der Wind kann die Duftstoffe seitlich verwehen. Witterung entwickelt sich unterschiedlich auf Laub- und Nadelwaldboden als auf Schotterwegen oder Asphalt. Feuchtigkeit bewirkt ein „Aufquellen" der Duftstoffe, bei Trockenheit hingegen verringert sich durch Eintrocknung die Oberfläche der Sekrete, so daß auch die Intensität der Witterung zurückgeht

Demgemäß ist für den Hund eine Nachsuche bei Hitze und Trockenheit weitaus schwieriger zu absolvieren, obwohl das menschliche Auge Schweißtropfen ausmachen kann, während sich bei Regen die Witterung entfaltet, wenngleich die optischen Nachweise für den Menschen fehlen. Entscheidend ist also auch die Luftmenge, die die Nase passiert. Denn der Hund lotet stets die stärkste Intensität der Witterung aus. Daraus ergibt sich dann auch, daß der Hund nicht ganz schnurgerade dem Fährtenverlauf folgt, sondern leicht bögelt. Diese Verhaltensweisen wird der Hundeführer im Laufe der Einarbeitung seines Teckels im einzelnen kennenlernen.

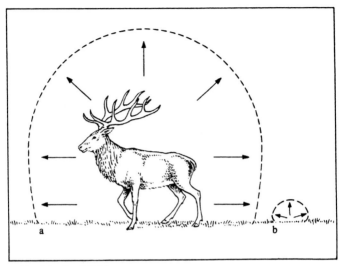

Abb. 28: Duftfeld

Die wichtigste Aufgabe, die ganz allein dem Hundeführer zufällt, ist ein gewissenhaftes Untersuchen des Anschusses. Hier werden bereits die Weichen für eine erfolgreiche Nachsuche gestellt. Nicht immer hat der Hundeführer selbst geschossen. So ist eine ausführliche Einweisung durch den Schützen erforderlich. Wesentlich sind dabei Informationen über das Zeichnen des Wildes, also über die Reaktion des beschossenen Stückes, da daraus Rückschlüsse auf die Art der Verletzung zu ziehen sind. Ein Hundeführer sollte sich jedoch nicht auf eine verbale Beschreibung verlassen, sondern sich selbst vom Standort, von dem aus der Schuß abgegeben wurde, von den Gegebenheiten überzeugen. In der Aufregung kommen leicht Irrtümer vor.

Beim überwiegenden Teil der Nachsuchen handelt es sich zumeist um kurze Totsuchen. Bereits der Anschuß gibt Aufschluß über die Art der Schußverletzung, woraus Voraussagen über den Verlauf der zu erwartenden Nachsuche gemacht werden können. Bei einem Kammerschuß ist in der Regel dunkel- bis mittelroter Schweiß, der auch blasig sein kann, in auffälliger Menge zu finden. Das Stück wird nach wenigen Fluchten verendet sein.

Aber nicht immer sind die Anzeichen am Anschuß so deutlich. Zur Veranschaulichung möchte ich eine Demonstration, der ich anläßlich eines Anschußseminares beiwohnte, wiedergeben. Das Haupt eines erlegten Stückes Schwarzwild war in einem Hochwald mit Hilfe von Seilen so zwischen Bäumen fixiert, daß die Höhe mit der eines vorbeiziehenden Stückes übereinstimmte. Von einer 50 m entfernten Ansitzleiter wurde ein Schuß (gängiges Kaliber) auf das Haupt abgegeben. Die Untersuchung dieses realitätsnahen Anschusses (Die Umgebung war zur besseren Kenntlichmachung großflächig mit weißen Tüchern abgedeckt worden.) war höchst interessant: Direkt unter dem Haupt befanden sich kaum Schußzeichen. Schnitthaar, Schweiß, Wildpretteilchen, Knochen- und Geschoßsplitter waren in einem Umfeld von mehr als zwei Metern hinter dem Haupt verstreut. Dies ist auch plausibel, da sich Schußzeichen vorwiegend auf der Ausschußseite ergeben. Selbst wenn das Geschoß beim Auftreffen und Durchdringen des Wildkörpers ein hohes Maß seiner Energie abgibt, so verbleibt noch genügend, um beim Austreten des Geschosses bzw. Geschoßteilen Partikel in einen weiten Umkreis zu schleudern.

Dieses Beispiel zeigt, wie wichtig die genaue Untersuchung des Anschusses ist. Auch kleinste Knochensplitter, Wildpretfetzen o. ä. können Anzeichen einer gravierenden Verletzung sein. Selbst wenn keinerlei Hinweise gefunden werden, daß das beschossene Stück getroffen wurde, ist es ein Gebot der Waidgerechtigkeit, eine Kontrollsuche durchzuführen. Die Nachsuchenerfahrung in meinem Hochwildrevier hat mich gelehrt, daß sich gelegentlich Pirschzeichen erst im weiteren Fährtenverlauf finden, wenn sich der Ausschuß beispielsweise durch Feist (Fett) verschlossen hat.

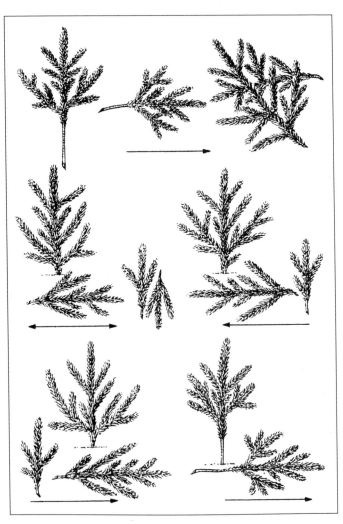

Abb. 29: Bruchzeichen

Für die genauere Deutung der Pirschzeichen verweise ich auf die weiterführende Fachliteratur und beschränke mich auf den Hinweis, daß nicht nur aufgrund der Farbe des Schweisses, sondern u. a. auch durch die Struktur der Knochenpartikel oder des Schnitthaares Rückschlüsse auf die Art der Verletzung zu ziehen sind. Dies sollte vom Hundeführer unbedingt beachtet werden. Denn ergeben sich Hinweise beispielsweise auf einen Äser- oder Laufschuß, sollte auf den Einsatz eines Teckels für die Nachsuche von vornherein verzichtet werden. Eine derartige Nachsuche macht eine Hetze erforderlich, der der Dachshund aufgrund seiner kurzen Läufe nicht gewachsen ist. Hier sollte im Hinblick auf die Verantwortung dem Wildtier gegenüber ein Spezialist herangezogen werden.

Der Anschuß wird waidgerecht verbrochen. Das Erkennen der Bedeutung der Bruchzeichen muß zum Einmaleins des Hundeführers gehören. Die Bruchzeichen haben eine einheitliche Bedeutung und sind damit für jeden Jäger und Hundeführer ein wichtiges Verständigungsmittel.

Ein wichtiger Grundsatz der Nachsuchenarbeit ist es, das Wildtier erst krank werden zu lassen, bevor der Hund zur Fährte gertragen wird. Anderenfalls besteht die Gefahr, daß das wundgeschossene Stück aufgemüdet wird und im Schock flieht. Dies aber verlängert sein Leid unnötig und erschwert auch die Arbeit des Hundes. Daher sollte man zwischen Schußabgabe und Beginn der Nachsuche mindestens zwei Stunden verstreichen lassen. Von einer Nachsuche bei Dunkelheit ist dringend abzuraten, weil selbst bei Verwendung einer hochwertigen Taschenlampe zu viele Pirschzeichen nicht erkannt werden.

Ausbildung des Teckels für die Nachsuchenarbeit

Wer seinen Teckel vorwiegend für Nachsuchen einsetzen möchte, sollte bereits bei der Wahl des Welpen auf dessen ausgeglichenes und ruhiges Wesen achten. Bei der

Arbeit auf der Rotfährte kann ein Temperamentsbolzen eine Menge Verdruß bereiten. Eine wichtige Vorgabe für die Ausbildung stellen, wie ausgeführt, die Aufzuchtmodalitäten dar. Gerade bei der Suche auf der Wundfährte ist eine intensive Kooperation zwischen Mensch und Hund erforderlich. Deshalb ist eine frühzeitige Ansprache des Welpen beim Züchter und ausgiebiger menschlicher Kontakt von entscheidender Bedeutung. Wenn darüber hinaus den Welpen noch die Gelegenheit gegeben wird, Zugang zu Wild oder Wildteilen zu bekommen, um bereits in einer frühen Phase das Festsaugen an dieser Witterung zu erlernen, oder kurze Futterschleppen zu verfolgen, ist das optimal.

Nach der Eingewöhnungsphase im neuen Heim sollte der Hundeführer diese Aktivitäten auch gleich wieder aufnehmen. Übungen zu diesem Zeitpunkt dienen dem Heranführen an die späteren Aufgaben und können noch nicht als Ausbildung im eigentlichen Sinne bezeichnet werden. Der Welpe lernt spielerisch die Suche mit tiefer Nase, indem er kurze Futterschleppen „arbeitet". Dadurch, daß er jedesmal am Ende sein Futter findet, wird zugleich sein Fährten- und Finderwille gefördert. Nach dem gleichen Schema laufen auch die Übungen mit Führerfährten ab. Allmählich löst sich der Welpe bei Spaziergängen vom Fuß seines Herrn und geht auf eigene Erkundungswege. Der Hundeführer sollte diese Gelegenheit nutzen, sich hinter einem Baum zu verstecken. Bemerkt der Welpe die Abwesenheit seines Herrn, wird er unter Einsatz seiner Nase versuchen, dessen Fährte aufzunehmen. Der Erfolg des Auffindens seines Rudelführers wirkt als weiterer Ansporn.

Diese kleinen Übungen werden ausschließlich spielerisch gehandhabt, und der Welpe sucht jeweils frei. Mit Beginn der Ausbildung wird dann einiges Utensil benötigt.

Die Schweißhalsung für einen Teckel sollte etwa 4 cm breit sein und so angelegt werden, daß kein Druck auf den

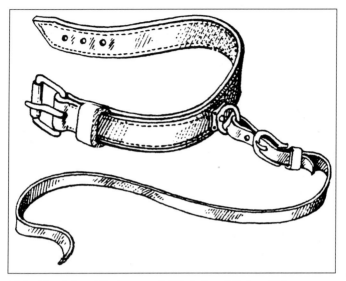

Abb. 30: Schweißhalsung mit Wirbel und Schweißriemen

Hals des Hundes ausgeübt wird. Der daran befindliche Wirbel sorgt dafür, daß der Schweißriemen sich jederzeit drehen kann, ohne den Dackel bei der Suche zu behindern. Ein lederner Schweißriemen in einer Breite von 15 mm sollte mindestens 6 m, besser 10 m lang sein. Wählen Sie möglichst keinen genähten Riemen, da die Nahtstellen dazu neigen, brüchig zu werden. Bewährt haben sich auch runde Lederschweißriemen, da sie sich im Unterholz nicht so leicht verkanten. Lederriemen müssen regelmäßig gefettet werden, damit sie geschmeidig bleiben.

Dem Rat des Leiters des Jägerlehrhofes im Jagdschloß Springe und Schweißhundführers Herrn HANS-JOACHIM BORNGRÄBER folgend, verwende ich seit einigen Jahren einen 12 mm breiten roten Riemen aus festem Nylongewebe. Auf den ersten Blick mag dies wenig waidgerecht erscheinen, doch in der Praxis hat er sich als höchst vorteilhaft erwiesen. Das Material bewirkt, daß der Riemen leichter an Stämmen und Reisig vorbeigleitet, selbst im Raps kommt es bei Nachsuchen kaum zu Behinderungen durch einen festsitzenden Riemen. Auch bei Regen liegt er gut in der Hand, da die Faser das Wasser nicht aufnimmt, während ein lederner Schweißriemen glitschig wird. Durch die Farbe hebt er sich jederzeit gegen den Untergrund ab.

Der Schweißriemen wird nach altem Waidmannsbrauch aufgedockt. Der Hund kann im Revier am aufgedockten Riemen geführt werden. Für einen Teckel, der häufiger Jagdbegleiter auch über den Einsatz zu Nachsuchen hinaus, empfehle ich allerdings, ihn an einer Umhängeleine zu führen. In diesem Fall wird die Schweißhalsung, wie abgebildet, an die Tragschlaufe geschnallt. Am Anschuß dient die Zeitspanne, die man zum Abdocken des Riemens benötigt, als Konzentrationsübung vor Beginn der Nachsuche für Hund und Führer. Der Teckel wird nicht sofort zum Anschuß geführt, sondern in einiger Entfernung davon abgelegt. Nun dockt der Hundeführer den Schweißriemen ab, legt dem Hund die Schweißhalsung mit Riemen an und untersucht den Anschuß eingehend. Erst danach wird der Teckel mit dem Kommando „Such verwund!" zur Fährte getragen, am Anschuß angesetzt.

Künstliche Schweißfährten zum Üben können unterschiedlich angelegt werden: Zum Tropfen oder Tupfen kann man sowohl Rinder- oder Schafsblut als auch Wildschweiß verwenden. Zu Beginn der Ausbildung darf eine Fährte stärker getropft (getupft) sein, später sollte möglichst wenig Schweiß verwendet werden, denn in der Praxis müssen die Hunde auch Krankfährten arbeiten können, die kaum Schweiß aufweisen. Deshalb ist es ratsam, den Teckel auf Fährten, die mit dem Fährtenschuh getreten werden, einzuarbeiten. In die Sohle werden Schalen des Wildes eingelegt, so daß beim Legen der Fährte eine Bodenverletzung entsteht. Die Hundenase ist in der Lage,

Abb. 31: Abdocken des Schweißriemens

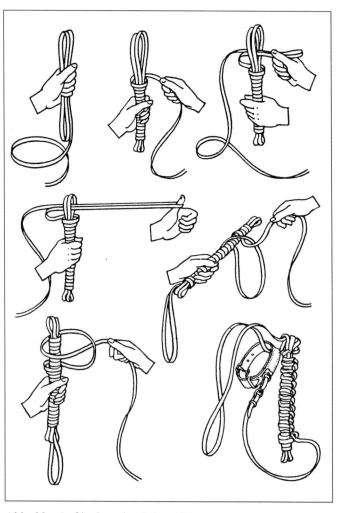

Abb. 32: Aufdocken des Schweißriemens

die Witterung des Schalenabdrucks auch noch nach vielen Stunden zu finden. Kombiniert man die getretene Fährte mit Schweiß, so ist unbedingt darauf zu achten, daß beides von der gleichen Wildart stammt.

Bei den ersten Übungen werden kurze, gerade Fährten von maximal 100 m Länge gelegt. Ans Ende wird eine Rehdecke o. ä. als Ersatz für das zu suchende Stück getan, die der Teckel bewinden und schließlich in Besitz nehmen wird. Der angeborene Trieb zum Beutemachen veranlaßt den Hund zum Packen. Steht ein erlegtes Stück zur Verfügung, sollte man darauf achten, daß der Hund sich vom Haupte her nähert. Aus dieser Position heraus wird er am leichtesten zum Drosselgriff animiert, mit dem auch ein kleiner Hund wie der Teckel ein Stück binden kann. Am Ende der Fährte wird der Hund ausgiebig gelobt und genossen gemacht. „Genossenmachen" heißt für den Hund, die Beute mit ihm zu teilen. Demgemäß erhält er einige Futterbrocken als Belohnung.

Die Schwierigkeitsgrade der Übungen werden sukzessive gesteigert, wobei unbedingt darauf zu achten ist, daß das nächsthöhere Ziel erst angestrebt werden darf, wenn das gerade Geübte auch wirklich beherrscht wird. Zunächst steigert man die Länge der Fährten, erst dann werden Bögen und Haken in den Fährtenverlauf eingearbeitet. Auch die Stehzeit der Fährte wird allmählich erhöht: Anfangs sucht der Hund die frische Fährte (½ Stunde alt), später wird er erst nach zwei, vier, ... zwölf, zwanzig Stunden angesetzt.

Am Anschuß gibt man dem Teckel das Kommando „Laß sehn!". Der Hund soll sich am Anschuß „festsaugen", also ganz intensiv die Witterung aufnehmen, der er dann mit dem Kommand „Such verwund!" folgen soll.

Anfangs wird der Hund die Fährte vielleicht zögerlich aufnehmen und muß deshalb durch Lob („So ist brav!") in seinem Tun bestätigt werden. Der Teckel sucht am langen Riemen, d. h. der abgedockte Schweißriemen liegt in ganzer Länge aus und wird vom Hundeführer in der hin-

Abb. 33: Ziska beim Bewinden der Rehdecke am Ende der Übungsfährte…

Abb. 34: …und wenig später erster Kontakt zum erlegten Stück Rehwild

Abb. 35: Am Anschuß

Abb. 36: Suche am langen Riemen

teren Hälfte gehalten. Der Hund benötigt zum Ausloten der intensivsten Witterung der Fährte einen genügend großen Freiraum. Die Aufgabe des Hundeführers ist es, das Verhalten des Teckels auf der Fährte genau zu beobachten, um die Arbeit des Hundes richtig einschätzen zu können. Deshalb muß bei den Übungen der Fährtenverlauf stets markiert sein. Dies kann entweder durch Brüche oder auch Kreidezeichen erfolgen. Weicht der Teckel von der Fährte ab, erhält er das Kommando „Zur Fährte!". Alles Rucken und Ziehen am Schweißriemen ist zu unterlassen, sonst wird künftig jedes Hängenbleiben des Riemens im Unterholz o. ä. vom Hund fehlinterpretiert. Das Zurückführen zur Fährte soll verbale Ermunterungen, notfalls durch ruhiges Wegführen von der falschen Fährte geschehen. Der Hundeführer darf seinen Teckel auf der Wundfährte niemals strafen, weil dies das Vertrauensverhältnis stört. Der Hund muß bei der Arbeit auf der Wundfährte Finderwillen und aktive Kooperationsbereitschaft zeigen, Strafen jedoch zwingen ihn zur Unterwerfung, zur Passivität.

Um das Verhalten des Teckels besser einschätzen zu können, sollte man künstliche Verleitfährten, deren Schnittstellen zur Schweißfährte markiert werden, legen. Dazu kann man zum Beispiel eine Kaninchenschleppe quer zum Fährtenverlauf ziehen. Der Hund kann die Verleitung annehmen, ihr auch ein Stück folgen. Entfernt er sich jedoch mehr als 20 Meter von der Wundfährte, muß er mit dem Kommando „Zur Fährte!" zurückgerufen werden. In jedem Fall muß dem Hund genügend Zeit gegeben werden, sich selbständig wieder einzubögeln. Für den Hundeführer ist es wichtig, anhand derartiger Hilfsmaßnahmen das Benehmen seines Teckels auf Verleitungen kennenzulernen.

In die Übungsfährten sind weiterhin Verweiserpunkte und Wundbetten einzuarbeiten. Durch das Verweisen gibt der Hund seinem Führer die Bestätigung, dem richtigen Fährtenverlauf zu folgen. An die Verweiserpunkte (kennzeichnen!) werden alternativ geronnener Schweiß, Wildpretfasern, Knochensplitter oder Schnitthaar ausgebracht. Viele Hunde neigen zum Zeigen von Schweiß o. ä. Diese wertvolle Eigenschaft muß gefördert werden. Mit dem Kommando „Halt! Laß sehn!" veranlaßt man den Teckel, beim Verweisen stehenzubleiben, so daß der Hundeführer die Stelle genau untersuchen kann. Nach einem Lob kann er dann die Fährte weiterarbeiten. Der Hundeführer sollte sich bereits beim Üben angewöhnen, die vom Hund verwiesenen Punkte für sich zu markieren (z. B. mit Papiertaschentuchfetzen, die später verwittern!). Falls ein Zurückgreifen auf der Fährte erforderlich wird, sind diese Stellen besser wiederzufinden.

Bei einem langsam arbeitenden Hund sind sowohl das Erkennen des Verweisens einschließlich der Kontrolle durch den Führer als auch ein Abweichen vom Fährtenverlauf leichter wahrnehmbar als bei schnellem Tempo. Deshalb ist stets eine ruhige Suche anzustreben. Verglichen mit anderen Rassen, vollzieht sich die Schweißsuche beim Teckel aufgrund der niedrigen Läufe relativ langsam. Dennoch gibt es auch bei den Dachshunden äußerst hitzig und vehement arbeitende Vertreter. Die Geschwindigkeit bei der Nachsuche bestimmt jedoch grundsätzlich der Hundeführer! Das rasante Tempo muß zugunsten der Genauigkeit und Sicherheit bei der Suche unbedingt gedrosselt werden.

Da sich Witterungen auf unterschiedlichen Böden und bei unterschiedlichen Wetterverhältnissen nicht gleichmäßig entwickeln, muß bei der Einarbeitung des Teckels auch diesem Umstand Rechnung getragen werden. Das Üben sollte sowohl bei Trockenheit und Regen, bei Hitze und Kälte erfolgen. Die Fährten sollten nicht nur alternativ im Laub- oder Nadelwald gelegt werden. Es ist gut, wenn der Hund das Nachsuchen auch auf der Akkerkrume, Getreidesaat, auf Weideland, im Raps- oder Maisschlag, um nur einige Möglichkeiten zu nennen, lernt.

Abb. 37, 38: Erfolgreiche Nachsuchen

Hat ein Teckel bei den bisherigen Übungen alle Hürden gemeistert, sollten Sie nun einen Jagdhelfer bitten, Ihnen Fährten zu legen, deren Verlauf Sie nicht kennen. Denn jetzt gilt es zu überprüfen, ob Sie als Hundeführer wirklich das Verhalten Ihres Hundes studiert haben oder ob Sie der Versuchung erlegen sind, sich vorwiegend an den Fährtenmarkierungen zu orientieren. Ist auch dieser Test bestanden, können Sie Ihren sorgfältig eingearbeiteten Teckel guten Gewissens zur Prüfung melden und zu Nachsuchen einsetzen. Aber auch der bereits „fertige und erfolgreiche" Hund sollte in Abständen immer wieder einmal eine Übungsfährte arbeiten. Die Verantwortung gegenüber dem Wild verlangt uns besonders hohe Maßstäbe ab. Denn nichts in der Welt ist so vollkommen, als daß es nicht doch noch verbessert werden könnte.

Der Teckel als Stöberhund

Beim Stöbern soll der Teckel, in die Dickung, das Feldgehölz oder den Maisschlag geschickt, selbständig Wild aufspüren und den angestellten Schützen zutreiben. Der Hund übernimmt die Funktion des Jagdhelfers. Der Dachshund ist ein gern gesehener Stöberer bei Drückjagden, da er aufgrund seiner Kurzläufigkeit das Wild so langsam wie kein anderer Hund aus dem Treiben jagt und dem Jäger ein genaues Ansprechen des Wildes und das Antragen eines sicheren Schusses ermöglicht.

Diese Aufgabenbeschreibung mag den Eindruck entstehen lassen, jeder halbwegs passionierte Vertreter der Rasse könne dieser Anforderung mühelos gerecht werden. Aber wie jeder Jagdeinsatz eine gewissenhafte Einarbeitung des Hundes erfordert, so müssen auch für das Stöbern einige Grundvoraussetzungen erfüllt werden.

Ein Teckel, der für die Stöberarbeit eingesetzt werden soll, muß spurlaut sein. Ein stumm jagender Hund beunruhigt die Einstände des Wildes unnötig stark; denn er tritt plötzlich und unvermittelt in den Wahrnehmungsbereich des Wildes, das daraufhin versucht, ihm hochflüchtig zu entkommen. Der spurlaute Hund hingegen wird bereits von weitem wahrgenommen, und das Wild kann ihm frühzeitig ausweichen. So kann man es bei Drückjagden immer wieder erleben, daß das Wild lange vor dem Hund, langsam ziehend, aus dem Dickungskomplex tritt. Zugleich zeigt der Laut auch dem vor dem Treiben angestellten Schützen an, aus welcher Richtung Wild zu erwarten ist.

Darüberhinaus muß ein Stöberhund Appell haben, und dies setzt eine konsequente Erziehung voraus. Wiederum ist eine frühzeitige, intensive Beschäftigung mit dem Welpen von ausschlaggebender Bedeutung. Alle Grundlagen können im Spiel geschaffen werden, was sowohl dem Hund als auch dem Menschen Freude bereitet und die leidige zwanghafte Abrichtung überflüssig werden läßt.

Überall dort, wo es die Verhältnisse erlauben und keine Gefahr seitens des Verkehrs droht, sollte man den Welpen ohne Leine laufen lassen. Er wird aus eigenem Antrieb heraus immer bemüht sein, den Kontakt zu seinem Rudelführer zu halten. Mit wachsendem Selbstvertrauen werden seine Erkundungsausflüge größer werden, aber er wird stets freudig zurückkehren. Das Lob seines Herrn verstärkt die Wirkung zusätzlich.

Später sollte das Weggehen des Hundes mit dem Kommando „Such!" zu einer Weisung umfunktioniert werden; schließlich darf er sich nur noch auf Aufforderung entfernen.

So paradox, wie es erscheinen mag, die eigentliche Aufgabe bei der Ausbildung zum Stöbern besteht weniger im Suchen und Finden des Wildes, als vielmehr im rechtzeitigen Wiederkommen des Hundes. Selbstbewußte Junghunde sind stets begierig, Neues zu erkunden, und nehmen eine Dickung mit der dem Teckel eigenen Passion gern an und suchen sie ab. Der Sinn des Stöberns besteht jedoch nicht darin, aufgefundenes Wild ziellos zu verfolgen. Vielmehr soll es vom Teckel den angestellten Jägern zugetrieben werden. Der Hund muß also bogenrein jagen, d. h. er darf das vorgegebene Treiben nicht verlassen. Anderenfalls würde er den vorgesehenen Ablauf der Jagd erheblich stören. Deshalb ist die zuvor beschriebene Wechselwirkung zwischen selbständigem Erkunden und freudigem Zurückkehren zum Hundeführer so bedeutsam. Bereits der junge Hund sollte diese Verknüpfung begreifen, damit das Verfolgen der Wildfährte nicht zu einem unerwünschten und sinnlosen Hetzen des Wildes führt. Dieser Fall kann jedoch leicht eintreten, wenn ein junger Hund stets angeleint bleibt. Er bekommt keine Gelegenheit, seine Selbstsicherheit schrittweise zu entwickeln, das richtige Maß an Selbstvertrauen, losgelöst vom Menschen, zu erlernen. Für ihn stellt die Nähe zum Menschen etwas Zwanghaftes dar. Wird ein solcher Hund nach Abschluß aller so bedeutsamen Entwicklungsphasen im Junghundalter dann erstmals geschnallt, wird er dazu neigen, seine nun gewonnene „Freiheit" über Gebühr zu nutzen. Das Wiederkommen ist für ihn nicht mit einer positiven Erfahrung verbunden. So ein Hund ist für die Jagd unbrauchbar.

Um einen reibungslosen Ablauf einer Drückjagd zu gewährleisten, darf ein Stöberhund nicht vorzeitig von einem Treiben ins nächste überwechseln. Sollte dennoch ein Teckel, einer Rehwildfährte folgend, dazu verleitet werden, erweist sich die Kontaktfreudigkeit des Hundes auch hier als äußerst nützlich. Denn so können auch andere angestellte Schützen den ungestümen Jagdhund beim Verlassen des Treibens aufhalten und anleinen, bis sich das Interesse just an dieser Fährte verflüchtigt hat.

Gelegentlich kommt es vor, daß ein Teckel aus übergroßer Passion beim Stöbern länger wegbleibt. Für diesen Fall ist es günstig, wenn er von kleinauf erfahren hat, daß sein Hundeführer stets an dem Platz, von dem aus er weggeschickt wurde, auf ihn wartet. Der Hund kehrt, seiner eigenen Fährte folgend, an den Ausgangspunkt zurück.

Abb. 39: Drückjagd mit Stöberhunden

Der auf die Rückkehr des vierbeinigen Jagdgefährten wartende Mensch erweist sich als verläßlicher Partner, zu dem der Hund immer gerne zurückkehrt. Sollte aus wichtigen Gründen ein Warten nicht möglich sein, kann man an dieser Stelle eine Jacke o. ä. mit der Witterung des Hundeführers deponieren. Der Teckel, der in einem solchen Vertrauensverhältnis aufgezogen wurde, wird sich darauf legen und dem Erscheinen seiner Bezugsperson harren. Ein Hund hingegen, der diese Erfahrung nicht gemacht hat, wird sich nicht so verläßlich verhalten. Ihm fehlt der Anreiz des Zurückkehrens und neigt hingegen dazu, seine Kreise immer weiter auszudehnen, bis er schließlich kein Stöberhund im eigentlichen Sinne ist, sondern vielmehr zum Hetzer wird.

Zum Stöbern wird der Teckel mit dem Kommando „Such!" in die Dickung, das Feldgehölz etc. geschickt. Dazu schnallt ihn der Hundeführer, d. h. Riemen samt Halsung wird entfernt. Andernfalls ist die Gefahr, daß sich der Hund im dichten Strauchwerk verfangen und festsetzen könnte, zu groß. Dagegen ist es ratsam, den

Stöberhund mit einer Signalhalsung zu versehen. Dabei handelt es sich um ein leuchtoranges festes Nylonband, das zumeist mit Klettband verschlossen wird, sich jedoch leicht öffnet, falls sich der Hund verfängt. Die Signalhasung dient der Sicherheit, denn der Teckel ist so für die Jäger sofort als Jagdhelfer erkennbar.

Beim Stöbern möchte ich differenzieren zwischen der Jagd auf Hase, Fuchs und Kanin einerseits und dem Stöbern auf Schalenwild, vorrangig auf Schwarzwild, andererseits.

Stöberjagden auf die vorgenannten Niederwildarten finden überwiegend in Feldgehölzen mit teilweise schwer zu durchdringendem Dornengestrüpp statt. Das Gelände ist vielfach nur für Teckel zu durchqueren. Hierbei erweist es sich als äußerst positiv, wenn der Teckel auch ans Apportieren und Verlorenbringen gewöhnt ist, um dem Hundeführer geschossene Kaninchen zu bringen.

Viele Teckel sind äußerst bringfreudig, und man tut gut daran, schon mit dem noch jungen Hund Übungen vorzunehmen, indem man etwa einen Ball wirft, den er, begleitet vom Kommando „Komm! Bring!", zuträgt. Nimmt der Mensch dabei eine hockende Stellung ein, wird die spielerische Note für den Hund betont, und er lernt so das Bringen leicht und voller Eifer. Die Übung läßt sich auf andere Gegenstände erweitern bis hin zur Wildattrappe, und schließlich wird der Teckel auch eine erlegte Ente oder ein Kanin apportieren.

Es erfüllt mich immer mit großer Freude, wenn ich die Apportierkünste des Langhaarteckels Quincy vom Bäketal miterleben darf. Er bringt nicht nur leichteres gestrecktes Niederwild, sondern entpuppt sich auch als „Lumpensammler": Quincy apportiert alle Utensilien wie Handschuhe, Hundepfeife, Munitionsetui etc., die seine Hundeführerin auf dem Weg zum Ansitz verliert!

Hunden, denen die Bringfreude nicht angewölft ist, muß das Apportieren durch eine konsequente Abrichtung beigebracht werden. In Ermangelung von Jagdgelegenheiten auf Niederwild habe ich meinen Teckeln, ich muß es gestehen, über die spielerischen Ansätze im Junghundalter hinweg keine entsprechende Ausbildung angedeihen lassen. Deshalb möchte ich für dieses Sujet auf die weiterführende Literatur verweisen.

Das Stöbern auf Schalenwild beschränkt sich hauptsächlich auf die Schwarzwildbejagung. Aufgrund der hohen Reproduktionsrate dieser Wildart (eine Bache zieht jährlich 6 bis 8 Frischlinge auf) ist eine starke Bejagung notwendig. Bei anderen Schalenwildarten wird ein selektiver Abschuß vorgenommen, weshalb die Bejagung vom Ansitz aus der einer Drückjagd vorzuziehen ist. Außerdem bringt das Stöbern Unruhe ins Revier, durch die so heimliche Wildtiere wie das Rotwild leicht vergrämt werden. In Gebieten mit zusammenhängenden Dickungskomplexen von mehreren Hektar Größe oder ausgedehnten landwirtschaftlichen Flächen mit Monokulturen, wie sie in den neuen Bundesländern häufig vorkommen, werden aber auch diese Schalenwildarten bei Bewegungsjagden gestreckt. Bedingt durch das Ausmaß des zu bejagenden Areals, kann das Wild den Hunden rechtzeitig ausweichen und tritt langsam aus, so daß es dem Jäger möglich ist, es sorgfältig anzusprechen und zu selektieren.

Beim Stöbern sollen die Teckel das vorwiegend nachtaktive Schwarzwild in der Dickung oder im Getreideschlag aufspüren und durch Sprengen der Rotte die einzelnen Stücke zum Verlassen ihres Einstandes bewegen. Der Einsatz zu vieler Hunde bei Drückjagden ist nicht zu empfehlen, da dies mehr Unruhe als jagdlichen Erfolg bewirkt. Die Hunde jagen in unterschiedliche Richtungen, jeder begierig, als erster zu finden, lautgebend auf jeder Fährte oder Spur und so die anderen Teckel auf diese ziehend, und geben dadurch möglicherweise der Rotte Sauen die Chance zum unbemerkten Entweichen aus dem Treiben. Entscheidend für die Effektivität ist, daß sich die Hunde untereinander kennen und sich gegenseitig zuarbeiten.

Im Idealfall läßt sich eine kleine Meute, bestehend aus drei bis vier Teckeln, eventuell auch ergänzt durch einen Vertreter einer anderen Stöberhundrasse, zur Saujagd zusammenstellen. Zunächst wird nur ein Hund geschnallt und in das Treiben geschickt. Ihm kommt die Aufgabe des Findens zu, d. h. er sucht die Dickung bzw. den Getreideschlag ausdauernd ab und gibt durch Standlaut zu erkennen, daß er Schwarzwild gefunden hat. Daraufhin schnallt der Hundeführer den oder die nächsten Teckel, die dem ersten zu Hilfe eilen, die Rotte zu sprengen. Der Standlaut wechselt nun über zu dem verfolgenden Spurlaut, so daß die Jäger das Herannahen des Wildes erwarten können. Sollte es sich im Zuge der Arbeit ergeben, daß die Teckel an ein wehrhaftes, möglicherweise krankgeschossenes Stück Schwarzwild geraten sind, kann es sich als sinnvoll erweisen, einen weiteren Hund in die Dickung zu schicken, um es zu binden. Unter solchen Umständen sollte erwogen werden, das Stück anzugehen, um ihm den Fangschuß zu geben. Selbstverständlich darf der Hundeführer im Zuge einer Drückjagd eine derartige Entscheidung nicht eigenmächtig treffen, sondern muß sie unter Berücksichtigung aller Sicherheitsaspekte mit dem Jagdleiter abstimmen.

Gerade bei dieser Jagdart auf das wehrhafte Schwarzwild erweist sich die geringere Größe des Teckels wie auch des Terriers als günstig, weil sie leichter den Attakken ausweichen können. Hochläufigere Stöberhundrassen sind in der Bewegung zwangsläufig schwerfälliger und werden daher leichter von Sauen geschlagen.

Der Erfolg der Stöberarbeit ist von verschiedenen Faktoren abhängig. Eine gewissenhafte Einarbeitung des einzelnen Teckels und ein gutes Zusammenspiel mit seiner Bezugsperson vorausgesetzt, muß ein harmonisches Verhältnis unter den zum Einsatz kommenden Hunden gewährleistet sein.

Rivalitäten untereinander, die gar zu einer Beißerei führen könnten, machen den jagdlichen Erfolg zunichte.

Darüberhinaus muß von der Jagdleitung ein klares Konzept für den Ablauf der Drückjagd unter Einbeziehung des Einsatzes der Teckel vorbereitet sein.

Baujagd

Der Teckel ist von jeher als ein ausgezeichneter Bodenjäger auf Fuchs und Dachs bekannt. Die Popularität der Baujagd ging während der ersten Jahrzehnte nach Kriegsende mit Zunahme der Tollwut in den Fuchsbeständen zurück. Da jedoch bei hoher Populationsdichte der Fuchs der wichtigste Überträger der Tollwut war, wurde aufgrund der epidemischen Ausweitung der Krankheit eine Begasung der Fuchsbauten vorgenommen, die auf Betreiben der Jägerschaft und anderer Naturschützer aus ethischen Gründen 1972 verboten wurde. Die Folge war ein starker Anstieg der Fuchsbestände. Denn die zwischenzeitlich greifende Immunisierung durch Impfköder verhinderte nun auch die durch die Tollwut gegebene Reduzierung.

Da der Fuchs bei uns keine natürlichen Feinde mehr hat, ist eine Bejagung des Fuchses zur Erhaltung der Artenvielfalt unabdinglich. Niederwildarten wie insbesondere der Hase und das Rebhuhn, die bereits unter den durch die Flurbereinigung hervorgerufenen ungünstigen Biotopstrukturen zu leiden haben, gehören zum Beutespektrum des Fuchses. Die Korrelation zwischen Räuberdichte und Niederwildvorkommen ist nachgewiesen. Die Annahme, die Fuchspopulation würde sich mit Sinken des Rebhuhn- und/oder Hasenbesatzes und dem damit geringeren Nahrungsangebot zwangsläufig von alleine regeln, ist falsch. Als Allesfresser kann der Fuchs auf andere Beutetiere und auch auf pflanzliche Nahrung ausweichen. Zudem kennt er als Kulturfolger mit weitem Bewegungsradius auch keine Scheu, sich aus der menschlichen Speise- und Abfallküche zu bedienen.

Weiterhin ergibt sich die Notwendigkeit einer intensiven Bejagung des Fuchses aus immunologisch-epidemischen Gründen. So kann nach Sicht der Tierseuchenbekämpfung die Eliminierung der Tollwut durch Auslegung von Impfködern nur gelingen, wenn gleichzeitig eine verstärkte Fuchsbejagung erfolgt. Zugleich wird derzeit eine verstärktes Auftreten des Fuchsbandwurmes (*Echinococcus multicularis*) festgestellt, der für den Menschen eine Gefahr darstellen kann. Wenngleich die Zahl der bekanntgewordenen Erkrankungen noch recht gering ist, so muß der möglichen Infizierung dennoch angemessene Aufmerksamkeit gezollt werden. Symptome zeigen sich nämlich erst nach zehn bis fünfzehn Jahren, der Verlauf der Krankheit ist tödlich (s. Kapitel „Erkrankungen des Teckels").

Aufgrund der Konsequenzen aus einem zu hohen Fuchsvorkommen warnen die Veterinäraufsichtsämter und Jagdbehörden vor einem Nachlassen der Bejagung. Der explodierenden Fuchspopulation kann nicht mit gelegentlicher Ansitzjagd allein begegnet werden. Deshalb wird derzeit z. B. in Brandenburg neben der Fallen- auch ausdrücklich die Baujagd propagiert.

Schliefenarbeit – Fundament der Baujagd

Die Grundsätze waidgerechter Jagdausübung erfordern es, die Bodenjagd nur mit entsprechend vorbereiteten Hunden auszuüben. Die ersten Schritte zur Gewöhnung werden wiederum bereits im Welpenalter noch beim Züchter getan. Von kleinauf sollten die Welpen die Gelegenheit haben, die dunkle Röhre kennenzulernen. Hierzu können Betonröhren oder hölzerne Tunnel im Zwinger dienen, die von den jungen Teckeln bei ihren Verfolgungsjagden untereinander gerne angenommen werden.

Als günstig erweisen sich mehrere kurze Röhrenteile, die je nach Alter der Hunde beliebig aneinandergelegt werden können. An den sich ergebenen Knicks leisten die Welpen spielerisch untereinander manche „Vorliegearbeit" mit Verbellen. In der Literatur wird des öfteren empfohlen, Hunde mit Hilfe von Futterbrocken oder -schleppen in die dunkle Röhre zu locken. Eine frühzeitige Gewöhnung des Welpen erübrigt diese Mühsal.

Leider kann man auch heute noch gelegentlich vom „Scharfmachen" der Erdhunde an lebenden Tieren wie Katzen oder Meerschweinchen lesen. Derartigen Praktiken muß entschieden entgegengetreten werden. Sie stehen im eklatanten Widerspruch zum Tierschutzgesetz. Darüberhinaus zeugen solche Ausführungen von mangelndem Sachverstand und haben leider dazu beigetragen, die Baujagd in Verruf zu bringen. Bei der Raubwildschärfe handelt es sich um eine angewölfte Eigenschaft. Ein Hund, dem die Raubwildschärfe nicht angewölft ist, sondern erst durch die Konfrontation mit Kreaturen wie Katzen oder Meerschweinchen „antrainiert" werden soll, taugen nicht für den Jagdbetrieb!

Von einem Erdhund wird Wesensfestigkeit erwartet. Wie der Begriff bereits aussagt, macht sich Raubwildschärfe nur gegenüber dem Tier bemerkbar. Ein Teckel, der für die Bodenjagd eingesetzt werden soll, muß sich durch ein ausgeglichenes Wesen auszeichnen. Aggressivität dem Menschen gegenüber ist hingegen Ausdruck einer Wesensschwäche, keineswegs eine Folge der Raubwildschärfe, und unerwünscht.

Vor dem Einsatz im Jagdbetrieb muß der Teckel, um dem Tierschutzgesetz nicht nur in Bezug auf das Raubwild, sondern auch auf ihn selbst gerecht zu werden, am Kunstbau eingearbeitet werden. Hierbei soll er lernen, selbständig unter der Erde zu arbeiten. Er wird mit den Verhaltensweisen des Fuchses konfrontiert und übt das Verfolgen, das Vorliegen und die Taktik des Sprengens. Der Einsatz unterschiedlicher Schliefenfüchse ermöglicht es dem Teckel, differierende Erfahrungen zu sammeln und eine gewisse Sicherheit zu erlangen.

Während der Übungen bleibt der Schliefenfuchs stets abgeschiebert, so daß es – im Gegensatz zum Naturbau – zu keinem direkten Kontakt zwischen Hund und Fuchs kommt. Um sich nicht ausschließlich auf das Üben des Vorliegens beschränken zu müssen, bieten Kunstbauanlagen mit Drehkesseln eine hinreichende Alternative. Auch hier kann es zu keinem direkten Kontakt mit dem Raubwild kommen, doch wird auf diese Weise das Einstudieren der Verfolgung ermöglicht.

Bei der Schliefenarbeit lernt zugleich auch der Hundeführer die Arbeitsweise seines Teckels am Raubwild kennen und wird anschließend sein Verhalten in der Jagdpraxis entsprechend einschätzen können. Die Arbeit im Kunstbau gibt weiterhin wichtige Hinweise für die Zuchtselektion. Denn nur unter normierten und kontrollierbaren Verhältnissen können aussagekräftige Erkenntnisse gewonnen werden. Die Erhaltung der Raubwildschärfe als genetisches Potential muß für den Teckel als Erdhund gesichert bleiben.

Abb. 40: Quincy vom Bäketal mit gestreckten Füchsen

Arbeit am Naturbau

Die Bejagung des Fuchses am Bau beschränkt sich auf den Frühsommer und die Wintermonate. Besonders reizvoll für den Bodenjäger ist die Baujagd von November an, wenn der Fuchs seinen prächtigen Winterbalg trägt. Im November und Dezember sind Füchse beider Geschlechter häufig im Bau anzutreffen; während der Ranzzeit dagegen stecken sie eher selten.

Wichtigstes Gebot für den Bodenjäger ist es, die Baue im Revier genau zu kennen. Die Bodenbeschaffenheit muß bekannt sein: Sandiger Boden birgt Einsturzgefahr, felsiger Untergrund erschwert ein mögliches Graben oder macht es gar unmöglich. Es obliegt dem Hundeführer, das Risiko für seinen Hund einzuschätzen. Die genaue Anzahl der Röhren muß bekannt sein, damit sie durch Schützen abgestellt werden und der gesprengte Fuchs nicht heimlich entweichen kann.

Die Baujagd erfolgt in den Morgenstunden. Anhand frischer Spuren (besonders günstig bei Schneelage) läßt sich feststellen, ob der Fuchs im Bau steckt. Sichere Anzeichen sind in die Röhre hineinführende Fuchsspuren. Das Wahrnehmen der typischen Fuchswitterung muß nicht zwangsläufig auf die Anwesenheit des Raubwildes deuten; der Geruch kann ebensogut von Markierungsstellen durch Nässen des Rüden in der Nähe der Einfahrten herrühren. Auch aufsteigende Dunstwolken aus der Tiefe des Baus können ein trügerisches Zeichen sein. Gerade bei kalter Witterung wird das wärmere Erdreich in der Bauanlage durch Kondensierungsschwaden sichtbar. Tiefe Rinnen in den Einfahrten, Nestmaterial, Futterreste und Losung sowie sandige Schüttelstellen in den Einfahrten weisen auf die Anwesenheit des Dachses hin. Fuchs und Dachs benutzen häufig den gleichen Bau, wobei der Dachs die tieferen Ebenen der Anlage bevorzugt. Ergeben sich Anzeichen, daß der Fuchs im Bau steckt, ist ein Zusammentreffen des Teckels mit dem Dachs daher eher unwahrscheinlich. Die Ergebnisse der Bodenjagdstatistik des Deutschen Teckelklubs weisen aus, daß weitaus mehr Füchse als Dachse gesprengt werden (Jagdjahr 1994: 3 286 gesprengte Füchse, 46 gesprengte Dachse).

Die Bauanlage wird unter Einhaltung äußerster Ruhe angegangen. Das Anstellen der Schützen muß mit großer Sorgfalt und unter Beachtung der Windverhältnisse erfolgen, denn der Fuchs soll nicht vorzeitig Witterung nehmen können. Auch sollten die Jäger nicht mit Blick in die Röhren angestellt werden, da anderenfalls auch sie vom Fuchs frühzeitig eräugt werden, was ihn zu einem Rückzug veranlassen kann. Selbstverständlich muß auf ein gutes und sicheres Schußfeld geachtet werden.

Zur Bauarbeit wird jeweils nur ein Teckel mitgeführt, nur in Ausnahmefällen ein gut aufeinander eingearbeitetes Team. Der Hund wird geschnallt (ohne Halsung!) und schlieft in die Röhre. Seine Aufgabe ist es, den Fuchs im Bau aufzuspüren und durch furchtloses Verfolgen, Verbellen und Nachsetzen zum Springen zu veranlassen. Der Mentalität des Fuchses entspricht es, dem Widersacher Hund auszuweichen. Nur in Extremfällen stellt er sich einem Kampf. Deshalb ist ein „Flieger" unter den Teckeln, der dem Raubwild beharrlich nachsetzt und es so verunsichert, einem „Steher", der den Fuchs in die Endröhre drängt, bis er nicht mehr entweichen kann, unbedingt vorzuziehen. Ein „Steher" liegt oft stundenlang, ununterbrochen lautgebend, vor, bis ein Einschlag gemacht wird. Ähnliches trifft auch für den „Packer" mit einem Übermaß an Raubwildschärfe zu. Derartige Erdhunde sind für den Jagdbetrieb eher ungeeignet. Denn das Graben ist nicht nur sehr mühselig und zeitaufwendig, sondern zerstört auch die Bauanlage. Daher sollte sich das Graben auf Einzelfälle beschränken, etwa wenn der Hund sich verklüftet hat.

Ist der Fuchs vom Hund gesprengt, darf nur noch auf die Reaktionsschnelle und Treffsicherheit der Jäger gehofft werden. (Bereits bei der Auswahl der Schützen muß auf deren Zuverlässigkeit geachtet worden sein, schließlich soll nicht der Bauhund aufgrund der Schußhitzigkeit eines einzelnen zum Opfer fallen.) Kommt der Teckel allein aus dem Bau, dürfen die Positionen dennoch nicht aufgegeben werden. Der Hund wird festgemacht, die Röhren weiterhin beobachtet. War der Fuchs im Bau, ohne daß er gesprengt wurde, wird er nun schleunigst versuchen, die unsichere Lagerstatt zu verlassen. Deshalb lohnt es sich, noch weiter ruhig und geduldig auszuharren.

Trotz aller Passion an der Baujagd möchte ich an dieser Stelle auf zwei Gefahrenmomente hinweisen. So erfahren der Teckel als Erdhund auch sein mag, es können sich immer Situationen ergeben, daß er sich verklüftet und auf unsere Hilfe angewiesen ist. Hier hat sich der Einsatz von Bauhundsendern bewährt. Anhand der gesendeten Impulse kann der Teckel genau geortet werden, so daß die nötigen Einschläge zielgerichtet angelegt werden können, um ihn rasch aus seiner Zwangslage zu befreien.

Über den Erfolg der Baujagd darf die hygienische Seite nicht vergessen werden. Gerade bei dieser Jagdart ist die Möglichkeit der Übertragung von Parasiten besonders hoch. Die Pflege des Teckels sollte sich nicht nur zur Entfernung der Ektoparasiten auf das Bürsten des Fells beschränken. Wie erwähnt, ist durch die Ausbreitung des Fuchsbandwurms der Erdhund auch durch Endoparasiten bedroht. Eine regelmäßige prophylaktische Entwurmung gehört daher gleichsam zur artgerechten Jagdhundehaltung dazu.

Mit dem Teckel auf Prüfungen

Zur Bedeutung der Prüfungen

Der gesetzliche Hintergrund

Im Bundesjagdgesetz § 1.3 wird ausgeführt: *"Bei der Ausübung der Jagd sind die allgemein anerkannten Grundsätze deutscher Waidgerechtigkeit zu beachten."*

Damit regelt das Bundesjagdgesetz den *ethisch-moralischen Anspruch der Jagdausübung* und verpflichtet den Jäger zu einem Verantwortungsgefühl gegenüber dem Wild als gleichberechtigtem Geschöpf. Er darf weder Zeit noch Mühe scheuen, angeschossenes Wild zur Strecke zu bringen. Dafür benötigt der Mensch die Sinne einer anderen Kreatur, nämlich die des Jagdhundes. Die Führung eines gut gezüchteten und ausgebildeten Jagdhundes ist also ein wesentlicher Bestandteil der heutigen Jagd vor dem Hintergrund humanitären, dem Tierschutz dienenden Gedankengutes.

Die Landesjagdgesetze der Bundesländer regeln im einzelnen den Einsatz der Jagdhunde. So sieht z. B. das Landesjagdgesetz Brandenburg in § 37.1 vor: *"Bei jeder Such-, Drück- und Treibjagd und bei jeder Jagd auf Niederwild sowie für die Nachsuche sind Jagdhunde in genügender Zahl bereitzuhalten und zu verwenden, die ihre Brauchbarkeit entsprechend der Jagdhundeprüfungsordnung für den jeweiligen Einsatz nachgewiesen haben."*, während in § 23 des Landesjagdgesetzes Hessen festgelegt ist: *"(1) Bei der Such-, Drück- und Treibjagd, bei jeder Jagdart auf Waldschnepfen und Wasserwild sowie bei jeder Nachsuche sind brauchbare Hunde zu verwenden.*

(2) Die untere Jagdbehörde kann dem Jagdausübungsberechtigten die Verpflichtung zur Haltung eines zur

Nachsuche brauchbaren Jagdhundes auferlegen, sofern der Jagdausübungsberechtigte nicht nachweist, daß ihm brauchbare Jagdhunde anderer Hundehalter regelmäßig zur Verfügung stehen."

Darüberhinaus regelt die Durchführungsverordnung zum hessischen Landesjagdgesetz in § 22.1: *„Die Anerkennung eines Hundes als Jagdhund obliegt der unteren Jagdbehörde. Die Eignung des Hundes ist durch Vorlage eines Leistungs- oder Jagdeignungsprüfungszeugnisses nachzuweisen."*

Die anderen Bundesländer haben in ihren Landesjagdgesetzen vergleichbare Regelungen aufgenommen.

Damit wird dem Jäger nicht nur die Bereithaltung und der Einsatz von Jagdhunden zur waidgerechten Jagdausübung auferlegt, vielmehr fordern die Gesetzgeber der Länder darüberhinaus den Nachweis der Brauchbarkeit. Dieser kann beispielsweise durch eine Jagdeignungsprüfung gemäß Landesregelung, die allen Jagdhunderassen offensteht, erbracht werden.

Rassespezifische Aspekte

Die Rassehundezuchtvereine haben Prüfungsordnungen entwickelt, die den Besonderheiten der einzelnen Jagdhunderassen gerecht werden. Damit tragen sie zur Umsetzung des moralisch-rechtlichen Anspruchs bei, die Ausbildung eines Jagdhundes, dessen Einsatz an oder für eine andere Kreatur, nämlich dem Wildtier, erfolgt, zu optimieren. Der Jäger erhält also die Möglichkeit zur Kontrolle des Leistungsstandes seines Hundes unter möglichst einheitlichen Bedingungen bei festgelegten Bewertungskriterien. Die Beurteilung erfolgt durch objektive Personen.

Über die jagdliche Brauchbarkeit hinaus lassen sich aus den Prüfungsergebnissen Aussagen über den Erbwert eines Hundes ableiten, insbesondere bei den Anlagefächern.

Genormte Beurteilungskriterien bieten hierfür die notwendige Grundlage. Aus vielen Einzelergebnissen lassen sich weiterhin Schlußfolgerungen bezüglich einer Blutlinie ziehen, die um so zuverlässiger ausfallen, je mehr Bewertungen einzelner Hunde gleicher oder ähnlicher Abstammung zugrundeliegen. Deshalb ist es gerade auch aus züchterischer Sicht von eminenter Bedeutung, daß Teckel auf rassespezifischen Prüfungen geführt werden.

Sätze wie „Wozu Prüfungen? Ich brauche meinen Hund nur fürs Revier, ich will ja nicht züchten!" kann man leider viel zu oft hören. Die Aussage mag im individuellen Fall zwar zutreffend sein, zeugt aber von Kurzsichtigkeit. Denn gerade Jäger entscheiden sich für eine spezielle Jagdhunderasse, weil sie eine bestimmte Leistungsfähigkeit erwarten. Eine Rasse kann jedoch eine hohe Qualität nur durch kontinuierliche Leistungskontrolle auf breiter Basis, aufgrund derer dann selektiert werden kann, erreichen und auch halten. Insofern möchte ich an alle Jäger appellieren, sich dieser verantwortungsvollen Aufgabe als Hundeführer zu stellen, auch wenn die Belastungen, die die Jagdausübung im allgemeinen bereits mit sich bringt, uns viel abverlangen. Denn die waidgerechte Haltung eines Teckels umfaßt die erfolgreiche Teilnahme an den wichtigsten Prüfungen.

Prüfungen für Teckel

Bei der Vorstellung des Prüfungskataloges beziehe ich mich auf die Prüfungsordnung des Deutschen Teckelklubs e. V., gegr. 1888 (DTK). (Die Prüfungsordnung des Vereins für Jagd-Teckel e. V., der 1989 entstand, zeigt einige Abweichungen auf, insbesondere bezüglich der Beurteilungskriterien; die Prüfungsinhalte sind in etwa analog.)

Wer beabsichtigt, seinen Teckel auf einer Prüfung zu führen, sollte sich frühzeitig eine Prüfungsordnung beschaffen und sie gründlich studieren. Ich möchte auch jedem raten, vor der eigenen Teilnahme Prüfungen zu besuchen. Man sammelt Erfahrungen, und der Lerneffekt ist meist immens.

Nachfolgend werde ich die wichtigsten Prüfungen vorstellen, mich dabei aber auf die Darstellung des Prüfungsziels beschränken. Die Staffelung der Leistung innerhalb der einzelnen Bewertungsfächer und die daraus resultierende Plazierung ist der Prüfungsordnung zu entnehmen.

Als Voraussetzung für die Teilnahme an Jagdgebrauchsprüfung schreibt der DTK den Nachweis der *Schußfestigkeit* vor. Dafür werden die Teckel einzeln und unangeleint im freien Feld geprüft. Während einer freien, vom Hundeführer weggehenden Suche werden, sobald der Abstand des Teckels vom Führer und Schützen mindestens 30 m beträgt, zwei Schrotschüsse abgegeben. Dabei darf der Hund keine Angstreaktion zeigen, sich weder verkriechen noch ausreißen.

Spurlautprüfung

Bei der Spurlautprüfung handelt es sich um eine reine Anlagenprüfung, die im Feldrevier durchgeführt wird. Prüfungsteilnehmer, Helfer und Richter bilden eine Treiberkette. Sobald ein Hase hochgemacht wird, erhält der Hundeführer eine Einweisung. Der Teckel, der den Hasen nicht eräugt haben darf, wird angesetzt und soll in einer freien Suche die Hasenspur aufnehmen, ihr lauthals folgen und sie sicher halten. Überschießt der Hund die Spur, muß sein Laut verstummen.

Bewertet werden Nase, Spurlaut, Spurwille und Spursicherheit auf der Hasenspur, wobei Bewuchs, Boden- und Witterungsverhältnisse berücksichtigt werden.

Stöberprüfung

Voraussetzung zur Zulassung zur Stöberprüfung ist der Nachweis des Spurlauts. Die Prüfung wird im Waldrevier durchgeführt, in dem geschlossene Waldparzellen und Dickungen in ausreichender Größe (ca. 1 ha) mit Vorkommen von Schalenwild, Hasen und Raubwild vorhanden sind. Es werden einerseits die eigentliche Stöberarbeit und andererseits die Abrichtungsfächer geprüft.

Der Teckel wird von seinem Führer in die Dickung geschickt, die er dann selbständig, ausdauernd und weit greifend absucht. Aufgestöbertem Haarwild soll er lauthals folgen, bis es das Treiben verläßt. Findet ein Hund nicht, wird ein zweiter Teckel zu einer „Kontrollsuche" in die Dickung geschickt. Stöbert dieser Wild auf, gilt die Arbeit des ersten Hundes als „Fehlsuche"; findet auch der zweite Dachshund, gilt die Dickung als wildleer.

Bewertet werden das Benehmen beim Stöbern, die Ausdauer bei der Suche und das Finden. Ein Teckel, der binnen einer Stunde ohne erkennbare Verbindung zu der ihm gestellten Aufgabe nicht zum Hundeführer zurückkehrt, hat die Prüfung nicht bestanden.

Bei den Abrichtungsfächern werden die Führigkeit, das Ablegen und Schußruhe sowie das Benehmen auf dem Stand geprüft:

Bei der Führigkeit muß der Teckel seinem Hundeführer, frei oder an der Umhängeleine, an der Seite durchs Stangenholz folgen, Hindernisse geschickt überwinden oder ihnen ausweichen, ohne vorzupreschen oder den Führer bei der Pirsch zu behindern.

Zur Bewertung des Ablegens und der Schußruhe wird der Teckel an einem Rucksack o. ä., angeleint oder frei, abgelegt. Der Hundeführer entfernt sich außer Sichtweite. Der Hund bleibt mindestens fünf Minuten abgelegt. Während dieser Zeit werden zwei Schrotschüsse abgegeben. Der Teckel darf seinen Platz nicht verlassen noch Laut geben oder winseln.

Abb. 41: Quincy mit Ente

Beim Standtreiben muß sich der Hund bei seinem Führer ruhig verhalten: Er darf weder winseln noch Laut geben, nicht an seinem Führer hochspringen oder sich von seinem Platz entfernen.

Schweißprüfung auf künstlicher Wundfährte

Zugelassen sind nur Teckel, die älter als zwölf Monate sind. Die Prüfung wird in Revieren mit ausreichend großen Waldflächen (mindestens 20 ha) durchgeführt. Die Standzeit der Fährten beträgt mindestens 20 Stunden, bei der erschwerten Schweißprüfung 40 Stunden.

Die Fährten, die drei möglichst rechtwinklige Haken aufweisen sollen, müssen 1 000 bis 1 200 Meter lang sein und durch wildreiche Revierteile führen. Der Anschuß soll, der Natur entsprechend, auf Feldern, Wiesen oder Kulturen vor dem Walde liegen. Für das Tupfen bzw. Tropfen der Fährten wird Wildschweiß verwendet (maximal 1/4 l); die Wundbetten und der Anschuß werden mit Schnitthaar versehen. Als Wild ist Schalenwild zu verwenden.

Der Teckel hat Riemenarbeit zu leisten. (Eine Besonderheit stellt hier die Arbeit von Totverbellern und Totverweisern dar, bei denen die Riemenarbeit über 750 m durchgeführt wird und danach in der freien Suche gefunden werden soll.) Die Arbeit erfolgt am mindestens 6 m langen, gänzlich abgedockten Schweißriemen.

Bewertet werden die Arbeitsweise auf der Rotfährte, die Fährtensicherheit und der Finderwille. Bei der Nachsuche darf der Führer mit seinem Teckel selbständig vor- oder zurückgreifen, gegebenenfalls den Hund auch abtragen. Kommt der Teckel mehr als 75 m von der Fährte ab, ohne daß der Hundeführer dies merkt, erfolgt ein Abruf durch die Richter. Beim dritten Abruf gilt die Arbeit als nicht bestanden.

Vielseitigkeitsprüfung

Die zur Vielseitigkeitsprüfung zugelassenen Teckel müssen mindestens volle neun Monate alt sein.

Die Vielseitigkeitsprüfung gilt als „Meisterprüfung" der Teckel. Sie umfaßt alle bisher dargestellten Prüfungen: Schweißarbeit, Stöberarbeit und Spurlautarbeit sowie die Abrichtungsfächer mit wenigen Abänderungen. Die Länge der Schweißfährte (Standzeit: 20 Stunden) wird auf 600 m reduziert. Bei der Stöberarbeit auf eine Bewertung des Faches „Finden" verzichtet.

Wassertest

Zum Wassertest zugelassen werden alle Teckel, die älter als neun Monate sind. Der bestandene Wassertest gilt zugleich als Nachweis der Schußfestigkeit.

Eine erlegte Ente wird unter gleichzeitiger Abgabe von zwei Schrotschüssen so in tiefes Wasser geworfen, daß der zu prüfende Teckel eine Schwimmstrecke von ca. 8 m bis zur Ente und auch die gleiche Entfernung wieder zum Ufer hat. Der Test soll beweisen, daß der Hund in der Lage ist, gelegentlich eine geschossene Ente aus dem Wasser zu holen. Bewertet werden die Wasserfreudigkeit und das Bringen.

**Prüfung für Kleinteckel:
Kaninchenschleppe und Herausziehen**

Zugelassen sind nur Teckel, die den Spurlautnachweis erbracht haben.

Der Kleinteckel soll auf dieser Prüfung seine Befähigung unter Beweis stellen, daß er Wildkaninchen, die sich bei der Jagd, krankgeschossen, noch den Bau aufsuchen, finden und herausziehen kann.

Für die Prüfung wird ein möglichst frisch erlegtes Wildkaninchen ca. 250 m durch den Bestand geschleppt und mit Hilfe eines Stockes etwa 1 m tief in einem Kaninchenaltbau mit mehreren Ein- und Ausfahrten abgelegt. Der Anschuß ist mit Bauwolle zu markieren, die Schleppe muß einen Haken aufweisen.

Der Teckel soll über 200 m Riemenarbeit leisten und wird dann geschnallt. Er soll den Bau zügig annehmen, das Kanin herausziehen und in Besitz nehmen bzw. seinem Führer bringen. Bewertet werden die Suche am Riemen, die Freisuche, das Herausziehen und das Verhalten am Wild.

Erkrankungen des Teckels

Nachfolgend soll der Leser mit den wichtigsten Krankheiten des Hundes vertraut gemacht werden. Neben der Beschreibung der Symptome wird auf prophylaktische Maßnahmen verwiesen, denn gemäß dem Motto „Vorbeugen ist besser als Heilen" kann der Hundehalter seinem Schützling durch entsprechende Sorgfalt viel Leid ersparen. Auf therapeutische Hinweise wird bewußt verzichtet: Ein erkrankter Hund gehört in tierärztliche Behandlung! Bei der Beschreibung der Infektionskrankheiten und des Befalls durch Parasiten werden – soweit möglich – jagdliche Aspekte berücksichtigt. Weiterhin soll auf rassespezifische Erkrankungen eingegangen werden.

Infektionskrankheiten

Gegen die Mehrzahl der hier aufgeführten Infektionskrankheiten läßt sich ein vorbeugender Schutz durch Impfungen erreichen. Bereits beim Züchter erhalten die Welpen im Alter von etwa acht Wochen eine erste Immunisierung gegen Staupe, Hepatitis, Leptospirose und Parvovirose. Da aber nicht bekannt ist, wie hoch der Anteil der mütterlichen Abwehrstoffe im Blut der Welpen zu diesem Zeitpunkt noch ist, müssen diese Impfungen zur Erreichung einer vollständigen Grundimmunisierung im Alter von etwa zwölf Wochen noch einmal wiederholt werden. Zu diesem Zeitpunkt kann auch bereits die Tollwutimpfung erfolgen. Die erneute Auffrischung der Immunisierung erfolgt dann nach einem Jahr. Wenn Sie weiterhin den vorgeschlagenen Impfturnus einhalten, hat ihr Hund einen optimalen Schutz.

Im einzelnen sollte sich jeder Hundehalter mit seinem Tierarzt beraten, denn die empfohlenen Impfabstände können, bedingt durch unterschiedlich starkes Auftreten der Erkrankung, örtlich differieren. Durch seine Praxiserfahrung hat ihr Tierarzt einen guten Überblick, darüberhinaus steht er aber auch mit der zuständigen Tierärztekammer in Verbindung.

Überblick zu den Erkrankungen des Jagdhundes

Krankheit	Symptomatik	Prophylaxe
Staupe	Störung des Allgemeinbefindens, eitriger Augen- und Nasenausfluß, Fieber; je nach Form der Staupe zeigen sich Katarrhe des Atmungstraktes mit Husten, verbunden mit Atembeschwerden, und/oder des Verdauungstraktes mit Erbrechen und Durchfall. Bei der Gehirnstaupe treten Zittern, Lähmungen und Krämpfe auf. (Virusinfektion)	Impfung, alle 2 Jahre
Hepatitis	Hohes Fieber, Störung des Allgemeinbefindens, Appetitlosigkeit, Entzündung aller Schleimhäute, Durchfall. (Virusinfektion)	Impfung, alle 2 Jahre
Leptospirose (Stuttgarter Hundeseuche)	Starkes Erbrechen, Appetitlosigkeit, Mattigkeit, Fieber, folgend auch Durchfälle, die zu einer raschen Austrocknung führen. Nach einigen Tagen kann sich eine schwere Gelbsucht einstellen, die die Schleimhäute braungelb färbt. (Bakterielle Infektion)	Impfung, jährlich
Parvovirose	Erbrechen und heftige, mit Blut durchsetzte Durchfälle, die hohe Flüssigkeitsverluste zur Folge ha-	Impfung, jährlich

Krankheit	Symptomatik	Prophylaxe
	ben (Gefahr der Austrocknung!). Durch gleichzeitige Schädigung der Herzmuskelzellen kann die Erkrankung zum Tode führen. Welpen und Junghunde sind in besonderem Maße gefährdet!	
Zwingerhusten (Kennel Cough)	Husten (meist trocken), Nasenausfluß; bei geschwächten Tieren Ausweitung bis zur Lungenentzündung möglich. Die Krankheit tritt am ehesten bei großen Hundeansammlungen auf: Tröpfcheninfektion. (Virusinfektion, aber auch bakterielle Auslösung möglich)	Impfung, jährlich
Tollwut	Die Krankheit verläuft in drei Stadien. Zunächst tritt eine mehr oder weniger starke Wesensveränderung ein: Der Hund ist scheu, flieht unmotiviert, reagiert abweisend oder verkriecht sich. Speichelfluß und Schluckbeschwerden stellen sich ein. Im nächsten Stadium zeigt sich die „rasende Wut": Unruhe, Erregung, Aggressivität mit Beißsucht, die ohne erkennbare Ursache auftritt. Im finalen Stadium erscheinen Lähmungen, die schließlich den Tod bewirken. Jede einzelne Phase kann bis zu vier Tagen dauern. (Virusinfektion) Gefahr auch für den Menschen!	Impfung, jährlich
Aujeczkysche Krankheit (Pseudowut)	Zunächst Mattigkeit und Appetitlosigkeit, gefolgt von Speichelfluß und Lähmungserscheinungen. Auffällig ist der starke Juckreiz. Die Krankheit verläuft tödlich. Das Virus wird hauptsächlich durch rohes Schweinefleisch übertragen. Keine Impfungmöglichkeit! Keine Gefahr für den Menschen!	Kein rohes Schweinefleisch füttern!

Parasiten

Beim Befall durch Parasiten unterscheidet man Innenparasiten (Endoparasiten), die die Organe schädigen, und Außenparasiten (Ektoparasiten), die auf der Haut sitzen.

Ektoparasiten

Übersicht zu den Ektoparasiten des Jagdhundes

Art	Symptomatik	Prophylaxe	Maßnahmen
Milben	verursachenen Räude; rote Flecken mit starkem Juckreiz je nach Spezies der Milben vorwiegend: – in den Achselhöhlen und den Schenkelinnenseiten – auf Nasenrücken – Augenlidern Ohrenrändern; – im Innenohr.	Ungezieferhalsband, Desinfektion aller Gegenstände, mit denen der Hund in Berührung kommt; Isolierung des kranken Hundes.	Bäderbehandlung mit entsprechenden Präparaten. *Achtung:* Der Hund gehört in Behandlung des Tierarztes, da nur er die Diagnose stellen kann und bei Erkrankung bei Nichtbehandlung unheilbar ist.
Zecke, Holzbock	Hautentzündungen Juckreiz; (kleine Hautbeulen)	nach Rückkehr aus dem Revier: Fellpflege zur Kontrolle auf Zecken, da sie auch für den Menschen eine fährdung darstellt: Zecken können FSME und Borreliose übertragen! Neuerdings: Tropfen auf die	Entfernen der Zecke, dabei darauf achten, daß der Kopf der Zecke nicht vom Körper abgetrennt wird, da sonst eine Entzündung entstehen könnte. (Methoden der Entfernung durch Beträufelung der Zecke mit Öl gelten als überholt,

Art	Symptomatik	Prophylaxe	Maßnahmen
		Haut gegen Zeckenbefall (Wirksamkeit: 3–4 Wochen.)	da sie die Infektionsgefahr der Hunde für Borreliose erhöhen.
Flöhe	ständiger Juckreiz, löst Kratzen und Beißen aus.	Regelmäßige Kontrolle des Fells (Test: Färben sich „schwarze Krümel" bei Befeuchtung rötlich = Flohkot); Knoblauchgranulat ins Futter Ungezieferhalsband. Neuerdings: Tropfen und Tabletten als Prophylaxe, die hemmend auf den Entwicklungszyklus der Flöhe wirken.	Behandlung mit Ungezieferspray, -puder; Hygiene! auch das Lager reinhalten (saugen: Flohbehandlung = Umgebungsbehandlung! *Achtung:* Flöhe sind Zwischenwirte für den Bandwurm!
Läuse	starker Juckreiz Kratzen ruft Wundsein hervor; besonders betroffen: Leistengegend, Rutenansatz.	Ungezieferhalsband.	Ungezieferspray, -puder; Behandlung durch den Tierarzt kaum auffindbar, höchs-Nissen.

Hygiene gehört zu den obersten Grundsätzen jeder Tierhaltung. Doch selbst unter optimalen Verhältnissen ist niemand davor gefeit, daß sein Hund nicht dennoch gelegentlich von Ektoparasiten befallen wird. Gerade Jagdhunde sind besonders gefährdet. Deshalb sollte der Tekkel nach jedem Reviergang, ganz besonders nach jeder Bauarbeit gründlich auf Zecken untersucht werden. In vielen Regionen sind sie Träger der FSME (Frühsommermeninoenzephalitis/ -hirnhautentzündung und der Borreliose und stellen auch für den Menschen eine Gefährdung dar. Bei der regelmäßigen Fellpflege wird dem Hundehalter gleichzeitig auf einen möglichen Flohbefall aufmerksam. Hier ist frühzeitige Bekämpfung angesagt, denn ein einziges Flohweibchen kann in seinem Leben 500 Eier legen, wobei die Entwicklung vom Ei bis zum erwachsenen Floh lediglich drei Wochen dauert. Hundeflöhe können zwar vorübergehend auch auf den Menschen wechseln und sein Blut saugen; die eigentliche Gefährdung für den Menschen geht jedoch von der Tatsache aus, daß der Floh ein Zwischenwirt für den Bandwurm ist.

Endoparasiten

Übersicht zu den Endoparasiten des Jagdhundes

Art	Infektion	Symptomatik	Prophylaxe
Spulwürmer	*a) pränatal:* Im Muskelgewebe abgekapselte Larven wandern durch die Hormonumstellung durch die Plazenta in die Feten.	Beim Welpen: Durchfall, Erbrechen Entwicklungsstillstand, aufgetriebener Bauch, Austrocknung; Schädigung der Atemwege durch Lungenwanderung.	Entwurmung ab der 3. Woche, da die Spulwürmer mit 21 Tagen geschlechtsreif sind und mit der beginnen. Weitere bis zur ersten Impfung wöchentlich.
	b) oral: beim Welpen während der Saugphase; sonst durch Verschmutzung, Aufnahme der Eier mit Kot.	Beim erwachsenen Hund: selten Symptome. Wegen der Anreicherung des Infektionsmaterials ist jedoch jede Infektion zu behandeln.	
Hakenwürmer	orale Aufnahme der	Hakenwürmer sind Gewebsfresser, die	Hygienische Vorkehrungen;

Art	Infektion	Symptomatik	Prophylaxe
	Wurmeier	sich in der Darmschleimhaut festverletzen. Der resultierende Blutverlust führt zur Anämie mit ausgeprägtem Eisenmangel. Insbesondere beim Welpen Blut im Kot.	Wurmkuren setzen und sie
Peitschenwürmer	orale Aufnahme der Wurmeier	Darmentzündungen mit Blutungen, teilweise, Blut im Kot.	Hygieneische Vorkehrungen Wurmkuren
Bandwürmer; darunter vor allem: *Echinococcus granulosus* (Dreigliedriger Hundebandwurm) und *Echinococcus multilocularis* (Fünfgliedrigen Fuchsbandwurm)	indirekt, oral über diverse Zwischenwirte (viele Säuger, darunter: Mäuse), Flöhe.	Häufig ohne Symptome. Gelegentlich Darmentzündungen bei Massenbefall. Bei jüngeren und älteren Hunden teilweise Störung des Allgemeinbefindens, Appetitlosigkeit, Abmagerung, Anämie, Durchfälle. Ausscheiden von Bandwurmgliedern (sog. *Proglottiden*), die wie Reiskörner auf dem Kot sitzen. Gefahr nur für den Menschen, da auch er als Finnenträger (Fehlwirt!) in den Entwicklungszyklus einbezogen werden kann!	1. selbst unauffällige Innereien von Schlachttieren und erlegtem Wild abkochen oder mindestens 3 Tage bei $-18\,°C$ tiefgefrieren. 2. Achtung! Keine Mäuse fressen lassen, insbesondere nicht in Gebieten mit Vorkommen von *Echinococcus multilocularis*. 3. Hunde flohfrei halten!

Wurmeier und -larven sind über Monate und Jahre infektionsfähig. Der Teckel nimmt sie beim Schnüffeln auf der Straße oder im Revier auf oder gerät über Fell und Pfoten damit in Kontakt. Ebensogut können sie aber auch über unsere Schuhe oder Kleidung ins Haus gelangen. Deshalb raten Tierärzte, den Hund – insbesondere wenn er mit Kindern in Kontakt kommt – regelmäßig vorsorglich zu entwurmen. Die heute auf dem Markt befindlichen Mittel wirken behutsam.

Besonders gefährlich für den Menschen ist dabei die Infizierung mit Bandwurmeiern oder -larven, die zumeist oral, selten durch Einatmen der Eier beim Abbalgen erfolgt. Die Infektion verläuft chronisch-schleichend, beim Hundebandwurm mit Zystenbildung zumeist im Lebergewebe, beim Fuchsbandwurm führt sie zu tumorartigen Vergrößerungen vorwiegend in der Leber, gelegentlich der Lunge, und endet langfristig meist tödlich. Glücklicherweise bleibt der Wurmbefall des Hundes mehrheitlich ohne Folgen für den Menschen. Die Tatsache jedoch, daß gegebenenfalls der Krankheitsverlauf derart gravierende Folgen haben kann, veranschaulicht die Wichtigkeit einer prophylaktischen Behandlung des Hundes.

Rassespezifische Erkrankungen

Teckellähme

Bei der Teckellähme, die als Geißel der Teckelzucht gilt, handelt es sich um eine Lähmung, die durch einen Bandscheibenvorfall hervorgerufen wird. Der Name suggeriert, daß diese Erkrankung ausschließlich beim Dachshund vorkäme. Das trifft allerdings nicht zu. Ich möchte ausführlicher auf diese Erkrankung eingehen, da sie den Hund im jagdlichen Einsatz sehr stark behindern oder diesen gar unmöglich machen kann. Das Verstehen der Zusammenhänge rund um die Teckellähme ermöglicht jedoch ein frühzeitiges Erkennen erster Symptome und damit ein rasches Eingreifen durch den Menschen.

Der Dachshund gehört zu den chondrodystrophen, also zwergwüchsigen Rassen. Man unterscheidet generell den proportionalen vom chondrodystrophen Zwergentyp. Beim proportionalen Zwergentyp handelt es sich sozusagen um eine „kleine Ausgabe" eines großen Hundes, bei der durch selektierende Zuchteingriffe im Laufe der Generationen alle Gliedmaßen proportional zueinander verkleinert wurden. Der chondrodystrophe Zwergentyp hingegen gehört anatomisch nach wie vor zu den großen Hunden. Seine Kleinheit wurde erreicht durch Kleinzüchtung einzelner Merkmale bei Beibehaltung anderer in ihrer ursprünglichen Größe. Die Verkleinerung erfolgte also unproportional. Zu den chondrodystrophen Rassen zählen außer unserem Teckel u. a. auch der Cockerspaniel und der Basset.

Die Chondrodystrophie ist also eine angeborene und vererbbare Entwicklungsstörung. Beim Teckel zeigt sie sich in einer Wachstumsstörung an den Extremitätenknochen. Der Umbau von Knorpelmasse in Knochensubstanz erfolgt vorzeitig. So erklärt sich die Kurzbeinigkeit des Teckels bei Beibehaltung des normal großen Körpers.

Bei den chondrodystrophen Rassen beschränkt sich die gewünschte Wachstumsstörung nicht nur auf die Extremitäten. Als Begleiterscheinungen stellen sich häufig leider auch andere Störungen wie etwa im Stoffwechsel ein, die sich eben auch im Bereich der Wirbelsäule manifestieren können. So erklärt sich, warum zum Beispiel auch der Spaniel als ein weiterer Vertreter der chondrodystrophen Rassen zum Krankheitsbild der „Teckellähme" neigt.

Zum besseren Verständnis einen kurzen Exkurs in den Aufbau und die Funktionen der Wirbelsäule:

Die Wirbelsäule des Teckels ist weitestgehend gerade und nur durch die Rumpfmuskulatur gestützt. Sie wird nicht nur den Belastungen, die sich aus dem allgemeinen Bewegungsapparat ergeben, ausgesetzt, sondern dient zugleich als Aufhängevorrichtung für die Eingeweide. Vergegenwärtigt man sich, daß das Gewicht der inneren Organe etwa 25 % des Gesamtkörpergewichts ausmacht, erhält man eine Vorstellung von der Dimension der Beanspruchung der Wirbelsäule.

Die Wirbelsäule gliedert sich in den Hals-, Brust- und Lendenwirbelbereich. Sie besteht aus einzelnen Wirbelkörpern, die durch die Bandscheiben, sogenannte Zwischenwirbelscheiben, verbunden sind, denen wichtige Funktionen zukommen. Sie dienen gewissermaßen als „Stoßdämpfer" zwischen den einzelnen Wirbelkörpern und sichern die Elastizität der Wirbelsäule, indem sie den Druck, der auf die starren Wirbelkörper einwirkt, übernehmen und in sich verteilen. Dies wird durch ihren Aufbau gewährleistet.

Der *Faserring* stellt eine flexible, elastische, aber dennoch feste Verbindung zu den Wirbelkörpern her. Er weist eine Verjüngung in Richtung auf das Rückenmark auf und damit auch eine geringere Widerstandsfähigkeit an dieser Stelle. In den Faserring eingelagert, befindet sich der *Gallertkern*, allerdings nicht zentral, sondern leicht nach oben, mehr zum Rückenmark hin, versetzt. Er besteht aus gallertartigem Gewebe mit hohem Wassergehalt, woraus die so wichtige Eigenschaft der gleichmäßigen Verteilung des Drucks resultiert. Der Faserring mit seinem elastischen Gewebe nimmt also die Stöße aus den starren Wirbelkörpern auf, leitet sie auf den Gallertkern über, der die einwirkenden Kräfte dank seiner hydrostischen Eigenschaften gleichmäßig in alle Richtungen verteilt. Gespeist wird dieses System ausschließlich durch in Wasser gelöste Nährstoffe. Dieses Stoffwechselsystem wird durch einen Pumpeffekt, der sich aus dem Wechselspiel von Streck- und Druckabläufen in den Zwischenwirbelscheiben durch die Bewegungen des Hundes ergibt, begünstigt.

Der Wirbelsäule kommen jedoch noch weitere zentrale Funktionen zu. Eingelagert in den Wirbelkanal, umgeben von Rückenmarksflüssigkeit und Rückenmarkshaut, befindet sich das *Rückenmark*. Als Teil des zentralen Ner-

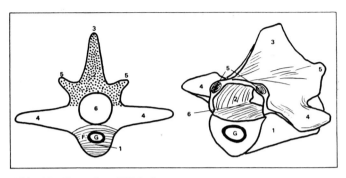

Abb. 42: Bau eines Wirbels
1 Wirbelkörper, 2 Wirbelbogen, 3 Dornfortsatz,
4 Querfortsätze, 5 Gelenkfortsätze, 6 Wirbelloch,
G Gallertkern, F Faserring

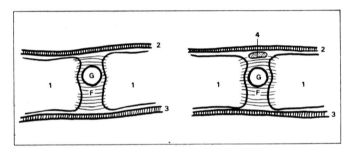

Abb. 43: Bandapparat im Bereich der Hals- und Lendenwirbelsäule, Zwischenwirbelscheibe (links) und im Bereich 1. bis 10. Brustwirbel, Zwischenwirbelscheiben
1 Wirbelkörper, 2 oberes langes Wirbelsäulenband,
3 unteres langes Wirbelsäulenband,
4 rippenverbindendes Band, G Gallertkern, F Faserring

vensystems kommen ihm zwei grundlegende Aufgaben zu: zum einen leitet es nervale Impulse vom und zum Gehirn, zum anderen ist es das Ursprungsgebiet der zu den entfernteren Körperregionen führenden Nerven, d. h. von ihnen werden Funktionen des Bewegungs- und Verdauungsapparates gelenkt. Die Steuerung der Funktionen der einzelnen Körperpartien ist in unterschiedlichen Abschnitten der Wirbelsäule festgelegt.

Der Wirbelsäulenapparat aller Hunde ist einem Degenerationsprozeß unterworfen. Im Laufe der Jahre wird der Gallertkern allmählich entwässert und bildet faserreiches Gewebe aus. Zugleich verliert der Faserring durch Einlagerung von Knorpelmasse zunehmend an Elastizität. Nicht nur die „Stoßdämpferwirkung" wird dadurch negativ beeinflußt. Durch den geringeren Pumpeffekt werden die Zwischenwirbelscheiben schlechter mit Nährstoffen versorgt. Dieser Degenerationsprozeß verläuft bei normalwüchsigen Hunden zumeist kongruent zum sinkenden Bewegungsbedürfnis des alternden Hundes.

Anders aber bei chondrodystrophen Rassen: Störungen des Wasser- und Mineralstoffhaushaltes des Organismus können bereits im Laufe des ersten Lebensjahres zur Entwässerung des Gallertkerns und einer folgenden Kalkeinlagerung im Faserring führen. Die Elastizität der Zwischenwirbelscheibe wird dadurch stark beeinträchtigt. Es entsteht ein krasses Mißverhältnis zwischen dem natürlichen Bewegungsdrang eines jungen Hundes und der eingeschränkten Bewegungsfähigkeit der Wirbelsäule. Entzündungen sowohl im Bereich der Zwischenwirbelscheiben, des Bandapparates als auch der Nervenwurzeln können die Folge sein. In besonders gravierenden Fällen kann es zum Bandscheibenvorfall kommen.

Beim Bandscheibenvorfall lassen sich zwei Typen unterscheiden. Beim langsam fortschreitenden Vorfall dringt degenerativ verändertes Material des Gallertkerns allmählich in den spröde gewordenen Faserring ein, wodurch es zu einem entzündlichen Prozeß im noch geschlossenen Gewebe des Faserringes kommt. Die entstehende Schwellung drückt gegen den Wirbelkanal, bewirkt hier eine stetige Einengung und führt so zu einem erhöhten Druck auf das Rückenmark an dieser Stelle. Funktionseinschränkungen oder gar -ausfälle sind die Folge. Beim plötzlichen Bandscheibenvorfall, der zumeist durch eine ruckartige Bewegung ausgelöst wird, dringt der gesamte Gallertkern mit immensem Druck durch den Faserring hindurch in den Wirbelkanal ein. Es kommt zu einer abrupten, schweren Quetschung des Rückenmarks, die zumeist mit Funktionsausfällen bis hin zur plötzlichen Lähmung einhergeht. Die Art der Funtionsstörung ergibt sich aus dem Wirbelsäulenbereich, in dem sich der Bandscheibenvorfall ereignet hat.

Diese sehr theoretisch gehaltenen Ausführungen sollen Sie nun aber nicht zu dem Aufschrei: „Bloß keinen Dakkel!" veranlassen. Ich wollte aufzeigen, daß bei chondrodystrophen Rassen – und nicht nur beim Teckel – aufgrund der vor vielen Jahrzehnten und Jahrhunderten vorgenommenen Art der Kleinzüchtung eine Disposition zu frühen Degenerationserscheinungen im Wirbelsäulenbereich vorliegen kann.

Auch ist bei weitem nicht jeder Degenerationsprozeß von Krankheitssymptomen begleitet. Aus anderem Anlaß gefertigte Röntgenaufnahmen können Verkalkungen an den Zwischenwirbelscheiben ausweisen, ohne daß der Teckel je Symptome gezeigt hat. Die Veränderung ist dann an dieser Stelle extrem schleichend verlaufen.

Wenn auch die Bezeichnung „Teckellähme" auf ein gehäuftes Auftreten der Erkrankung in dieser Rasse deuten mag, so wird bei weitem nicht jeder Dachshund davon betroffen. Bislang gibt es auch noch keine Beweise für eine besondere Häufung von Erkrankungen in bestimmten Blutlinien. Auch die oft geäußerte Meinung, Teckel mit langem Rücken seien besonders anfällig, hält Überprüfungen nicht stand.

Neueste wissenschaftliche Untersuchungen haben einen interessanten Ansatzpunkt für die weitere Forschung ergeben. Es wurde festgestellt, daß der Abstand zwischen den Wirbelkörpern und damit der Anteil der Zwischenwirbelscheiben an der Gesamtlänge der Wirbelsäule bei unterschiedlichen Rassen differiert. So liegt der prozentuale Bandscheibenanteil an der Wirbelsäule beim Deutschen Schäferhund bei 11,95 %, beim Cockerspaniel bei 12,23 %, beim Teckel gar bei 17,65 %. Weitere Untersuchungen sollen klären, ob ein größerer Abstand zwischen den Wirbelkörpern ein erhöhtes Risiko für einen Bandscheibenvorfall darstellt.

Seriöse Hundezuchtverbände wie der Deutsche Teckelklub unterstützen derartige Forschungsprojekte, um gegebenenfalls züchterische Maßnahmen ergreifen zu können.

Was aber ist zu tun, wenn Ihr Teckel erkrankt? Prinzipiell kann gesagt werden, daß die Heilungschancen um so besser sind, je eher die Behandlung einsetzt. Deshalb beobachten Sie Ihren Dackel gut. Schont er sich plötzlich, läuft mit hochgezogenem Rücken, will nicht mehr ins Auto springen, so sind das die ersten Warnsignale, die unbedingt beachtet und nicht unter „Marotte des Dackels" verbucht werden sollten. Gönnen Sie ihm Ruhe an einem warmen Platz, vielleicht sogar unter einer Rotlichtlampe, und stellen Sie ihn dem Tierarzt vor.

Allgemein gilt, daß die Chancen der Heilung bei einem langsam verlaufenden Prozeß günstiger sind als bei einem abrupten Bandscheibenvorfall. Ist die Lähmung eingetreten, sollten Sie Ihren Hund dennoch nicht aufgeben. Je schneller das Stadium der Lähme überwunden werden kann, desto besser die Genesungsaussichten. Aber wappnen Sie sich mit Geduld. Ihr vierbeiniger Jagdgefährte hat das allemal verdient.

Vorbeugend läßt sich wenig tun. Untersuchungen haben gezeigt, daß die Erkrankung weder durch Ernährungs- noch Bewegungskomponenten zu beeinflussen ist. Ich empfehle, einen Welpen noch keine Treppen laufen zu lassen, um ihm die Stöße in der Wirbelsäule, die vor allem treppab auftreten, zu ersparen. Den erwachsenen Tekkel beim Treppenlaufen zu schonen, kann hingegen nicht als des Rätsels Lösung gesehen werden. Im Gegenteil: stetes Training kräftigt die Rückenmuskulatur, so daß die Wirbelsäule entlastet wird.

Erkrankungen der Augen

Verglichen mit dem Auftreten der Teckellähme, ist die Zahl der an Augenkrankheiten wie der Progressive Retina Atrophie oder der Juvenilen Katarakt leidenden Teckel weitaus geringer. Für die betroffenen Tiere ergeben sich daraus jedoch schwerwiegende Konsequenzen.

Progressive Retina Atrophie (PRA)

Der ins Deutsche übertragene Name läßt die Auswirkungen der Erkrankung bereits erkennen: Fortschreitendes Absterben der Netzhaut, das bedeutet, der erkrankte Hund erblindet allmählich. Bei der PRA unterscheidet man zwei Arten, die zentrale und die generalisierte Form, wobei beim Teckel nur die generalisierte PRA auftritt.

Zum besseren Verständnis der Erkrankung möchte ich kurz die Funktionen der Netzhaut erklären. Sie kleidet den gesamten Augenhintergrund aus und enthält die Sinneszellen zur Aufnahme der Lichtreize, die vom Sehnerv zum Gehirn weitergeleitet werden. Bei den Sinneszellen unterscheidet man die Zapfen, die der Farbwahrnehmung dienen, und die Stäbchen, die für das Dämmerungssehen zuständig sind. Die Stäbchen registrieren Unterschiede in der Lichtintensität. Bei starker Helligkeit verengt sich die Pupille, um den Lichteinfall auf die Netzhaut zu drosseln, umgekehrt weitet sie sich in der Dunkelheit, um die Lichtintensität zu erhöhen. Die Lichtstrahlen dringen durch die Netzhaut und werden vom *Tapetum lucidum* (pigmentreiche Schicht der Aderhaut unter der Netzhaut) reflektiert.

Im Zuge der Erkrankung kommt es zu einem Schwund der Sehstäbchen, d. h. die Möglichkeit, Unterschiede in der Lichtintensität zu registrieren, nimmt ab. Äußerlich ist dies an einer ständig geweiteten Pupille wahrnehmbar.

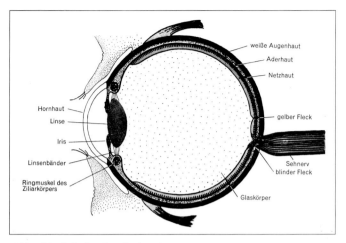

Abb. 44: Schnitt durch das Auge

Der Hund zeigt Symptome der Nachtblindheit. Mit Fortschreiten der Atrophie läßt die Reflexion des Tapetum eine Rot- oder Grünfärbung in der Pupille sichtbar werden, wie man es sonst von Fotografien mit Blitzlicht kennt. Im fortgeschrittenen Stadium der PRA schwinden die die Netzhaut versorgenden Blutgefäße immer mehr, so daß der Nachtblindheit auch eine Beeinträchtigung des Sehens am Tage folgt, bis schließlich eine vollständige Erblindung einsetzt. Die Diagnose ist nur mit Hilfe eines Ophtalmoskops möglich. Es gibt keinerlei Therapiemöglichkeit! Oftmals wird die PRA später von einer Linsentrübung überlagert.

Juvenile Katarakt

Bei der Katarakt (Grauer Star) handelt es sich um eine Trübung der Linse, die Sehstörungen bis hin zur Erblindung verursacht. Der Graue Star tritt normalerweise im

Alter auf oder kann auch eine Folgeerscheinung einer anderen Erkrankung oder Verletzung sein; man spricht von einer sekundären Katarakt. Die juvenile Katarakt gilt als Primärerkrankung. Die Linsentrübung zeigt sich bereits beim jungen Hund. Der Graue Star kann wie beim Menschen auch beim Hund operativ behandelt werden, indem die getrübte Linse durch eine künstliche ersetzt wird. Zeigt sich jedoch die Linsentrübung in Folge der PRA, kann dem Hund durch eine Operation nicht geholfen werden, da die Erblindung durch die Atrophie der Netzhaut verursacht ist.

Sowohl die PRA als auch die Juvenile Katarakt sind genetisch bedingt. Deshalb ist es von eminenter Bedeutung, Vererber dieser Erkrankung aus der Zucht auszuschließen. Wie im Kapitel „Zucht" bereits ausgeführt, sind züchterische Maßnahmen um so schwieriger zu ergreifen, je komplizierter der Vererbungsmodus ist. Forschungsarbeiten zum Erbgang der beiden beschriebenen Augenerkrankungen beim Teckel sind noch nicht abgeschlossen, so daß es noch keine Möglichkeit gibt, Genträger über eine Blutuntersuchung zu identifizieren und aus der Zucht zu eliminieren. Die zur Zeit durchgeführten Untersuchungen dienen der frühzeitigen Erkennung erkrankter Tiere. Sie erhalten keine Zuchtzulassung. Die Verantwortung der Rasse gegenüber verlangt es, daß mit diesem Thema offen und ehrlich umgegangen wird. Deshalb die Bitte an alle betroffenen Teckelbesitzer, sich mit dem Züchter in Verbindung zu setzen. Denn züchterische Konsequenzen können nur ergriffen werden, wenn die notwendigen Informationen vorliegen.

Literatur

Rassespezifische Literatur

ENGELMANN, FRITZ, und BANDEL, ROBERT: Der Dachshund. Geschichte, Kennzeichen, Zucht und Verwendung zur Jagd. Melsungen, 1981.
FISCHER-NAGEL, HEIDEROSE und ANDREAS: Ein Leben auf kurzen Beinen. Ein Dackel kommt zur Welt. Luzern, 1984.
HERRMANN, WULF: Der Dackel., Hamburg, Berlin, 1992.
LEMKE, KARL: Der Teckel. Berlin, 1984.
LUX, HANS: Der Jagdteckel. Ausbildung, Führung, Haltung und Zucht. Hamburg, Berlin, 1984.
MARTIN, WOLFRAM: Jagen mit dem Teckel. Hamburg, Berlin, 1993.
RANSLEBEN, WOLFGANG: Teckel – Dackel – Dachshund. Mürlenbach/Eifel, 1992.
SCHMIDT-DUISBERG: Kurt, Dackel. Stuttgart, 1991.
SCHMIDT-DUISBERG: Kurt, (Hg.), Ein Blick zurück. 100 Jahre Deutscher Teckelklub. Duisburg, 1988.
SCHNEIDER, KURT: Der Deutsche Teckel. Minden, 1970.
SCHNEIDER-LEYER: Erich, Dackel. Pflege – Verhalten – Aufzucht. Stuttgart, 1974.
SCHNEIDER-LEYER, ERICH: Mein Freund, der Dachshund. Stuttgart, 1955.
WEIN-GYSAE, MARIANNE: Dackel, Teckel, Dachshunde. Niedernhausen, 1994.

Jagdkynologie

BÁCA, JAN: Auf Wundspur und Schweißfährte. München, 1976.
BURTZIK, PETER: Erziehung und Ausbildung des Hundes. Hamburg, Berlin, 1993.

Frevert, Walter, und Bergien, Karl: Die gerechte Führung des Schweißhundes. Hamburg, Berlin, 1993.
Friess, Rudolf: Hunde – Jäger – Rüdemänner. Sulzberg, 1992.
Granderath, F.: Hundeabrichtung. Melsungen, 1977.
Hegendorf und Reetz, Horst, Der Gebrauchshund. Hamburg, Berlin,1980.
Krewer, Bernd: Die Nachsuche auf Schalenwild. Hannover, 1989.
Markmann, Hans-Jürgen: Vom Welpen zum Jagdhelfer. Hamburg, Berlin, 1990.
Richter, Klaus: Schweißarbeit. Berlin, 1992.
Rolfs, Klaus: Abrichten des Jagdgebrauchshundes. Berlin, 1994.
Schott, Aloys: Die Jagdgebrauchshunde. Minden, 1982.
Schwoyer, Hilde: Die Jagdhunde. Stuttgart, 1977.
Tabel, Carl: Der Gebrauchshund-Jährling. München, 1984.
Tabel, Carl: Der Jagdgebrauchshund. München, 1992.
Vetterli, Paul: Die Jagdhunde. Zürich, 1969.
Vocke, Werner: Der Deutsche Jagdterrier. Berlin, 1994.

Genetik und Medizin

Bairacli-Levy: Juliette de, Die Aufzucht junger Hunde. Zürich, 1974.
Gottschalk, Werner: Allgemeine Genetik. Stuttgart, 1984.
Hiepe, Theodor, Wunderlich, Hans: „Echinokokkose – Wie gefährlich sind Hunde- und Fuchsbandwürmer?", in: Der Jagdgebrauchshund, 9/1994, S. 12–14.
Kaudewitz, Fritz: Genetik. Stuttgart, 1992.
Kraft, Wilfried: Kleintierkrankheiten. Bd. 1: Innere Medizin. Stuttgart, 1984.
Leibetseder, J.: „Ernährung der Zuchthündin und der Welpen.", Wissenschaftlicher Weltkongreß Dortmund 1991, Dortmund, 1991.
Michel, Günther: Vergleichende Embryologie der Haustiere. Jena, 1995.

Miller, Christine: „Erbforschung beim Dackel", Die Pirsch 22/93, 23/93, 24/93.
Naaktgeboren, C.: Die Geburt bei Haushunden und Wildhunden. Wittenberg Lutherstadt, 1971.
Teichmann, Peter: ABC der Hundekrankheiten. Melsungen, 1979.
Widmann-Acanal, Betina: Rasseneffekte auf Fortpflanzungs- und Welpenabgangsrate bei Hunden. Inaugural-Dissertation, Hannover, 1992.
Willis, Malcolm B.: Züchtung des Hundes. Stuttgart, 1984.
Wolff, Hans Günter: Unsere Hunde gesund durch Homöopathie. Regensburg, 1985.
Zuschneid, Karl: „Geburt und Aufzucht beim deutsch-drahthaarigen Vorstehhund.", Deutsch-Drahthaar-Blätter, Heft 2, 1980.

Wesen und Verhalten

Brunner, Ferdinand: Der unverstandene Hund. Melsungen, 1974.
Dröscher, Vitus B.: Nestwärme. München, 1984.
Feddersen-Petersen, Dorit: Hundepsychologie. Stuttgart, 1989.
Feddersen-Petersen, Dorit: Hunde und ihre Menschen. Stuttgart, 1992.
Hassenstein, Bernhard: Verhaltensbiologie des Kindes. München, 1978.
Lorenz, Karl: Der Abbau des Menschlichen. München, 1995.
Lorenz, Konrad: So kam der Mensch auf den Hund. München, 1988.
McDougall, William: „Instinkte regeln das soziale Leben", in: Heiner Keupp (Hg.), Der Mensch als soziales Wesen: Sozialpsychologisches Denken im 20. Jahrhundert. S. 54–59. München, 1995.
Morris, Desmond: Dogwatching. Die Körpersprache des Hundes. München, 1987.

Nichelmann, M., und Tembrock, Günter: Verhaltensentwicklung. Berlin, 1992.
Tembrock, Günter: Grundlagen der Tierpsychologie. Berlin, 1963
Tembrock, Günter: Grundriß der Verhaltenswissenschaft. Jena, 1973
Tembrock, Günter: Tierpsychologie. Wittenberg-Lutherstadt, 1956
Tembrock, Günter: Verhaltensforschung. Jena, 1964
Trumler, Eberhard: Das Jahr des Hundes., München, 1986.
Trumler, Eberhard: Der schwierige Hund. Mürlenbach, 1986.
Trumler, Eberhard: Ein Hund wird geboren. München, 1982.
Trumler, Eberhard: Hunde ernst genommen. Zum Wesen und Verständnis ihres Verhaltens. München, 1974.
Trumler, Eberhard: Mensch und Hund. Mürlenbach, 1988.
Trumler, Eberhard: Mit dem Hund auf du. Zum Verständnis seines Wesens und Verhaltens. München, 1980.
Trumler, Eberhard: Trumlers Ratgeber für den Hundefreund. München, 1981.
Watson, John B.: „Verhalten als Ergebnis von Lernprozessen", in: Heiner Keupp (Hg.), Der Mensch als soziales Wesen: Sozialpsychologisches Denken im 20. Jahrhundert. S. 78–87. München, 1995.
Weidt, Heinz: Der Hund, mit dem wir leben.: Verhalten und Wesen. Hamburg, Berlin, 1989.
Weidt, Heinz: „Prüfungstage als Verhaltensschule für Hund und Mensch", in: Hessenjäger, März 1995, S. 7–8.

Jagdliteratur

Bibikow, Dimitrij I.: Der Wolf. Wittenberg Lutherstadt, 1988.
Briedermann, Lutz: Schwarzwild. Berlin, 1990.
Eggeling, Friedrich Karl von, und Uhde, Heinrich: Der Jäger und der Jagdbetrieb., Hamburg, Berlin, 1986.

EGGELING, FRIEDRICH KARL von: (Hg.), Diezels Niederjagd. 23. Aufl., Hamburg, Berlin, 1983.

ENDE, R. von: Über Wölfe und Hunde. Berlin, 1982.

FREVERT, WALTER: Wörterbuch der Jägerei. Hamburg, Berlin, 1975.

HESPELER, BRUNO: Jäger wohin? München, 1990.

HESPELER, BRUNO: Raubwild heute. Biologie – Lebensweise – Jagd. München, 1995.

Jagd-Lexikon. München, 1990.

KALCHREUTER, HERIBERT: Jäger und Wildtier. Auswirkungen der Jagd auf Tierpopulationen. Mainz, 1994.

KALCHREUTER, HERIBERT: Die Sache mit der Jagd. München, 1984.

KREBS, HERBERT: Vor und nach der Jägerprüfung. München, 1990.

LABHARDT, FELIX, Der Rotfuchs. Hamburg, Berlin, 1990.

ORTEGA y GASSET, JOSÉ, Meditationen über die Jagd. Stuttgart, 1985.

MACDONALD, DAVID: Unter Füchsen. Eine Verhaltensstudie. München, 1993.

NÜSSLEIN, FRITZ: Das praktische Handbuch der Jagdkunde. München, 1988.

SAVAGE, CANDACE: Wölfe – Verhalten und Lebensweise in faszinierenden Bildern. Hildesheim, 1994.

SCHNEIDER, EBERHARD: Der Feldhase. Biologie, Verhalten, Hege und Jagd. München, 1978.

SCHULTE, JÜRGEN: Der Jäger. Stuttgart, 1985.

SCHULZE, HERMANN: Der waidgerechte Jäger. Hamburg, Berlin, 1974.

ZIMEN, ERIK: Der Wolf. Mythos und Verhalten. Frankfurt/M., 1980.

Gesetzestexte, Satzungen

Brandenburgisches Landesjagdgesetz, in der Fassung vom 3. 3. 1992.

Deutscher Teckelklub e. V., gegr. 1888, (Hg.): Prüfungsordnung, Rassekennzeichen und Satzung. Duisburg, 1995.
Deutscher Teckelklub e. V., gegr. 1888, (Hg.): Rassestandard. Duisburg, 1995.
Deutscher Teckelklub e. V., gegr. 1888, (Hg.): Zucht- und Eintragungsbestimmungen. Duisburg, 1995.
Hessisches Landesjagdgesetz, in der Fassung vom 12. 10. 1994.
LINNENKOHL, KARL, (Hg.): Das Bundes-Jagdgesetz. Melsungen, 1986.
Tierschutzgesetz, in der Fassung vom 17. 2. 1993.
Verein für Jagd-Teckel e. V.: Prüfungsordnung. Wermelskirchen, 1992.

Sachwortregister

Abdocken 136, 137
Ablegen 118, 119, 120, 121, 166
Abrichtungsfächer 166, 168
Abstammung 44, 45
Ahnentafel 35, 37, 66
Anschuß 130, 131
Anschußseminar 131
Apportieren 13, 149
Aufdocken 136, 138
Aujeszkysche Krankheit 51, 170
Ausbildung 35
Autofahren 106, 107

Bandscheibenvorfall 176, 180, 182
Bandwürmer 175
Bauhundsender 159
Baujagd 33, 127, 152, 153, 154, 155, 156, 159, 160
Belohnung 101, 102, 118, 139
Benehmen auf dem Stand 165
Bestrafung 102, 103
Blutlinie 44, 163
Bodenjagdstatistik 158
Bodenjäger 82, 152
Bodenjagd 115
Borreliose 174
Brauchbarkeit 160, 161
Bruchzeichen 132, 133
Brutpflegeverhalten 69, 70, 72
Bundesjagdgesetz 161

Canide 50, 68, 78, 86

condodystroph 176, 177, 181

Dachs 152, 158
Deckakt 46, 48, 49, 50
Deutscher Teckelklub 14, 39, 46, 158, 163, 164, 181
Domestikation 68, 70, 79
dominant 42, 43
Drehkessel 155
Drückjagd 33, 145, 146, 150, 151, 152, 161

Eingewöhnung 92, 98
Einschlag 159, 160
Ektoparasiten 54, 160, 171
Endoparasiten 53, 160, 173
Entwicklungsphasen 69
Entwurmen 65, 160, 174, 175
Erbgang 42, 43
Erbwert 162
Erdhund 12, 154, 155, 159
Ernährung 51, 65
Erziehung 35, 96, 97, 98, 101, 102, 103, 126
Erziehungswille 67

Fährtenschuh 136
Fährtensicherheit 127, 166
Fährtenwille 13, 134
Finderwille 125, 127, 134, 142, 166
Flöhe 172
Formwert 41
Fremdzucht 45
FSME 172

Fuchs 68, 86, 149, 152, 153, 154, 155, 158, 159
Fuchsbandwurm 153, 160, 175
Führerfährte 134
Fußgehen 121, 122
Futtergewohnheiten 77
Futterschleppe 82, 134

Gebärmutter 59, 60, 61
Gebißfehler 22
Gebrauchsteckelstammbuch 26, 31, 39, 40, 41, 43
Geburt 69f.
Gehorsam 115, 126
Gehorsamkeitsfächer 125
Geruchssinn 128, 129
Geschlechtsreife 46, 95

Hakenwürmer 173
Halsung 121, 122, 158
Hase 124, 149, 152, 164, 165
Hasenspur 164
Hepatitis 54, 66, 164, 169
Hitze 46, 47, 48, 49, 95
Hodenfehler 25
Hundeführer 128, 129, 130, 142, 143
Hundehaltung 11

Infektionskrankheiten 168
Impfschutz 54, 66
Inzestzucht 45
Inzucht 45
Inzuchtkoeffizient 45

Juvenile Katarakt 183

Kaninchenjagd 34
Kaninchenteckel 32, 33
Kleinteckel 32, 33, 34

Kommando 36, 91, 104, 115, 116–124, 125, 126, 146, 149
Konsequenz 97, 99, 101, 116, 125
Kontaktliegen 73, 74, 85
Kontrollsuche 131
Kooperation 125, 134, 142
Kunstbau 155
Kurzhaarteckel 26, 28

Läufigkeit 46, 47, 49, 53
Langhaarteckel 26
Läuse 172
Laufschuß 133
Lautäußerung 71, 80, 81, 107
Lebenswille 73
Leine 121, 122
Leinenführigkeit 89, 123
Leistungskontrolle 163
Leistungsnachweis 42, 43
Leistungszeichen 39
Leptospirose 54, 66, 169
Lernbereitschaft 67, 68, 75, 88, 97, 104
Lernen durch Erfolg 101, 102, 103, 115, 117
Lernprozeß 87
Lernschema 72, 73
Lernziel 67, 91, 97, 99, 101, 104, 119
Lob 35, 102, 116, 117, 118, 122, 139

Milben 173

Nachsuche 125, 128, 129, 133
Nachsuchenarbeit 12, 41, 127, 128, 129
Nachtblindheit 184

Netzhaut 182
Nestwärme 72, 73, 87, 111
Normalschlagteckel 32, 33, 34

Ovulation 48

Parvovirose 54, 66, 169
Peitschenwürmer 175
Pfiff 116, 117
Pirschzeichen 131, 133
Prägungsmuster 75
Prägungsphase 75–83
Progressive Retina Atrophie 182, 183, 184, 185
Prüfungsordnung 161, 163, 164
Pubertätsphase 95–96

Rangordnung 85, 90
Rangordnungsphase 89–93
Raubwild 29, 154, 155, 158, 165
Raubwildschärfe 39, 41, 154
Rassestandard 14, 20, 21
Rauhhaarteckel 26, 28–30
Reisekrankheit 109
rezessiv 42, 43
Riemenarbeit 167, 169
Röhre 82, 153, 154, 155, 158
Rudel 67, 77, 83, 88, 91, 92, 94, 113
Rudelführer 98, 99, 101, 102, 115, 117
Rudelgefährte 67, 68, 79, 87
Rudelordnungsphase 93–94
Rückbiß 22
Rutenfehler 22, 25

Scherenbiß 15, 22, 23
Schnitthaar 129, 131, 133, 143, 166
Schußfestigkeit 163, 166
Schußruhe 165
Schußzeichen 131
Schwarzwildbejagung 150
Schweiß 129, 131, 133, 136, 143, 166
Schweißarbeit 13
Schweißhalsung 134, 135, 136
Schweißprüfung 166
Schweißriemen 135, 136, 137, 138, 139, 142, 166
Selbstbewußtsein 99
Selbstsicherheit 87, 93, 147
Signalhalsung 149
Sozialisierung 67
Sozialisierungsphase 83–89, 111
Sozialordnung 91
Sozialverband 67, 78, 79, 87
Sozialverhalten 43
Sperma 49, 50
Spielen 75, 78, 83, 84, 85, 86, 87, 90, 91, 146
Spulwürmer 54, 64, 173
Spurlaut 12, 29, 39, 41, 125, 145, 151, 165
Spurlautprüfung 165
Standlaut 151
Standtreiben 167
Staupe 54, 65, 169, 170
Stöberhund 12, 146, 147, 148, 149
Stöbern 127, 145, 146, 147, 150, 165
Stöberprüfung 166
Strafe 102, 103, 113, 116, 124, 125, 142
Stubenreinheit 77, 95, 112, 113

Tadel 35
Täto-Nummer 66
Teckellähme 175, 181
Teletaktgerät 124, 125, 126
Tierschutz 161
Tierschutzgesetz 64, 154
Tollwut 54, 152, 171
Totsuche 130
Trächtigkeit 51–57

Überforderung 89, 119
Übergangsphase 74–75
Umweltbedingungen 67, 118
Umwelteinflüsse 72, 75, 76
Unterbiß 22
Unterwerfungsgesten 87
Urvertrauen 86

Vegetative Phase 70–73
Verein für Teckeljagd 163
Verhaltensmuster 67, 68, 76
Verleitfährte 125, 142
Verweiserpunkt 142
Vielseitigkeitsprüfung 168
Vorbiß 22
Vorliegearbeit 82, 154

Waidgerechtigkeit 13, 33, 131, 133, 161, 163

Wasserfreudigkeit 168
Wassertest 166
Welpe 20, 21, 30, 35, 64
Welpentreffen 92
Wesen 38, 43, 93, 111, 133
Wesensfestigkeit 86, 90, 154
Wesensschwäche 154
Wirbelsäule 177, 178, 180, 181, 182
Witterung 82, 129, 131, 133, 143, 166
Wolf 67, 68, 71, 79, 83, 85, 86, 89, 93
Wundbett 142
Wurfakt 58–61
Wurfgeschwister 78, 83, 87, 89, 92, 111
Wurfkiste 56, 57, 59

Zangenbiß 15, 22, 23
Zecken 173, 174
Zuchtselektion 43
Züchter 20, 21, 36, 38, 44, 46, 47, 64, 73, 80, 81, 92, 110
Zwergteckel 32, 33
Zwinger 10, 11, 38, 39
Zwingerkasten 170
Zyklus 46, 47

Quellen und Bildnachweis

Titelbild und alle Abbildungen, die nicht aufgeführt sind, wurden von ANNETTE FROHECKE bereitgestellt.

In der Folge gelten die Nachweise für die Abbildungen: (1–6) aus LEMKE, Der Teckel. Berlin 1984; (8), (14) aus SCHNEIDER-LEYER, Dackel. Stuttgart 1974; (15) Foto: KLAUS MÄRKISCH; (7), (18) DTK, Zucht- und Eintragungsbestimmungen; (28–30), (32) aus RICHTER, Schweißarbeit. Berlin 1992; (40), (41) Foto: CHRISTINE SCHOLZ; (42), (43) aus SCHMIDT-DUISBURG, Ein Blick zurück. 100 Jahre Deutscher Teckelklub. Duisburg 1988; (44) aus LINDER/HÜBLER, Biologie des Menschen. Stuttgart 1969.

Aus unserer Reihe

📖 Jagdpraxis

sind außerdem lieferbar:

Hans-Dieter Willkomm
Gesellschaftsjagd auf Hoch- und Niederwild
1995 • 128 Seiten • 24 Abb. • DM 24,80
ISBN 3-331-00686-6

Christoph Stubbe, Karl - Willi Lockow
Alters- und Qualitätsbestimmung des erlegten Schalenwildes
1994 • 128 Seiten • 42 Abb. • DM 29,80
ISBN 3-331-00681-5

Christoph Stubbe u.a.
Lebendfang von Wildtieren
1995 • 208 Seiten • 135 Abb. • DM 29,80
ISBN 3-331-00700-5

Zu beziehen über Ihren Buchhandel
oder direkt beim

**📖 Deutscher Landwirtschaftsverlag
Berlin GmbH**
Grabbeallee 41, D – 13156 Berlin
Tel.: 030/48 32 03-14